초보 사용자를 위한

twitter
트위터 완전정복

문성욱 지음

이비락 樂

초보 사용자를 위한
twitter
트위터 완전정복

초판 2쇄 발행 2010년 11월 10일

지은이 문성욱

펴낸이 강기원
펴낸곳 도서출판 이비컴
디자인 이승현
편　집 주기선
마케팅 김동중, 이은미
홍　보 예술배달부 이근삼

주　　소 서울 동대문구 신설동 96-24 세원빌딩 402호
대표전화 (02)2254-0658 / 팩스 (02)2254-0634
전자우편 help@bookbee.co.kr

등록번호 제6-0596호
등록일자 2002.4.9
ISBN 978-89-6245-043-9 13000
웹사이트 www.bookbee.co.kr

이 도서의 국립중앙도서관 출판시도서목록(CIP)은 e-CIP 홈페이지(http://www.nl.go.kr/cip.php)에서 이용하실 수 있습니다.(CIP제어번호: 2010001585)

Preface

최근 스마트폰을 사용하는 인구가 폭발적으로 늘어나면서 스마트폰에 있는 트위터 전용 어플리케이션을 이용해서 트위터에 접속하는 사용자도 스마트폰 사용 증가와 함께 비례적으로 늘어났습니다. 트위터를 이전부터 컴퓨터를 이용해서 사용하던 사용자도 있을테지만, 대부분 일반 카페나 블로그, 미투데이, 싸이월드, 메신저만으로도 다른 사람들과 대화를 나눈다거나 정보를 공유할 수 있었기 때문에 트위터에 큰 관심을 갖지는 않았습니다. 괜히 영어로 되어 있는 트위터 홈 화면도 마음에 들지 않고, 막상 접속해 보니, 썰렁한 홈 화면을 보면서 '도대체 이게 뭐야' 하면서 외면한 분도 있을테지요. 우리 속담에 '천릿길도 한걸음부터' 라는 말이 있는데, 트위터를 시작하면서 가장 잘 어울리는 속담이라는 생각이 들었습니다. 트위터를 처음 시작하면 단 1명도 아는 사람이 없는 상태에서 한명한명 관계를 맺고 대화를 나누다보면 어느덧 천 명, 이천 명과 대화를 나누게 되는 인맥의 확장성을 직접 경험할 수 있기 때문입니다.

트위터(twitter.com)에 접속하고 회원가입을 해보세요. 전혀 겁낼 필요가 없습니다. 늘 새로 시작하는 것은 어렵지만 또 다른 세상을 발견할 수 있는 기회가 된답니다. 그리고 드림위즈에서 서비스하고 있는 한글 트위터(twtkr.com)로 접속하여 영어에 대한 두려움 없이 바로 한글로 구성되어 있는 트위터를 이용하면 좀더 쉽게 활용할 수 있습니다.

이 책은 초보자가 트위터를 처음 시작할 때의 당혹감을 고려하여 최대한 친절하게 설명하였습니다. 또한, 트위터와 연동해서 활용할 수 있는 기업 마케팅 차원의 설문 조사와 투표, 트위터 인맥도, 내 트위터의 가치 등 재미있는 외부 사이트들도 두루 소개하였습니다. 그리고 스마트폰(안드로이드폰, 아이폰 등)에 있는 트위터 전용 클라이언트 프로그램 중 많이 사용하고 있는 어플리케이션을 설치하는 법부터 활용하는 법까지도 빠짐없이 소개해 놓았습니다.

이 책이 나오기까지 도움을 준 모든 분들께 감사를 드립니다.

저자 씀

Contents

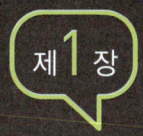

제1장

가장 쉬운
트위터 사용법

트위터(twitter)는 '지저귀다, 재잘거리다' 라는 뜻을 가진 단어입니다. 트위터닷컴(Twitter.com)은 SNS(Social Networking Service)로서 140자 이내의 짧은 글을 주고받는 마이크로 블로그 서비스를 말합니다. 즉, 140자 이내의 짧은 글을 이용해서 '지저귀거나 재잘거리는' 블로그 서비스로 일반 PC는 물론 스마트폰을 이용해서 실시간으로 글을 올릴 수 있기 때문에 활용 범위가 굉장히 넓은 또 다른 커뮤니케이션 도구입니다.

트위터에서는 교류를 원하는 사람을 팔로우(follow)하여 그 사람이 올린 글을 실시간으로 볼 수 있습니다. 또한 팔로우 했던 사람을 다시 언팔로우(unfollow) 하여 글을 보지 않을 수도 있으며, 특정한 사람을 차단(block)하여 내 글을 보지 못하게 할 수도 있습니다.

twitter

01 트위터 가입하기

트위터에 손쉽게 가입하는 방법에 대해서 알아보도록 하겠습니다.

01 인터넷 주소창에 http://twitter.com을 입력하고 [Enter]를 눌러 트위터닷 컴 페이지로 이동합니다.

02 트위터 가입은 정말 간단하고 쉽습니다. 다음과 같이 가입 페이지가 표시되면, 관련 정보를 입력하기만 하면 됩니다.

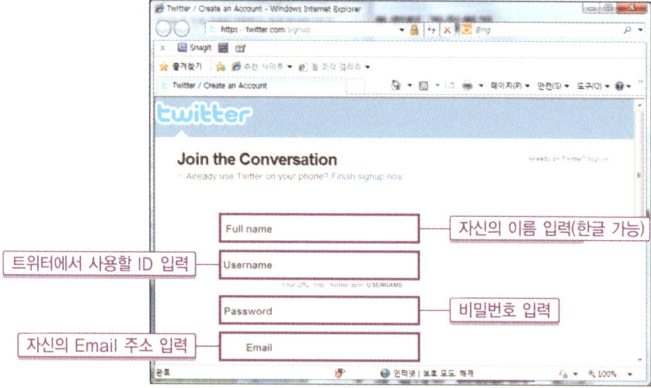

03 Full name 칸에 자신의 이름을 작성하고, Username 칸에는 트위터에서 사용하고자 하는 아이디(ID)를, Password 칸에는 비밀번호, Email에는 바로 확인할 수 있는 메일 주소를 입력합니다.

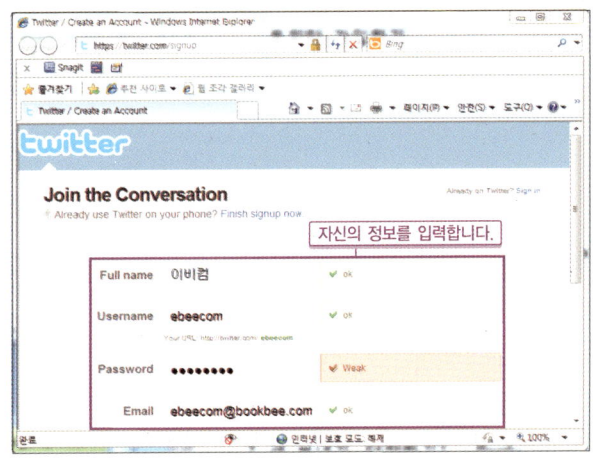

04 회원가입 페이지를 아래쪽으로 드래그하여 [Create my account] 버튼을 클릭합니다.

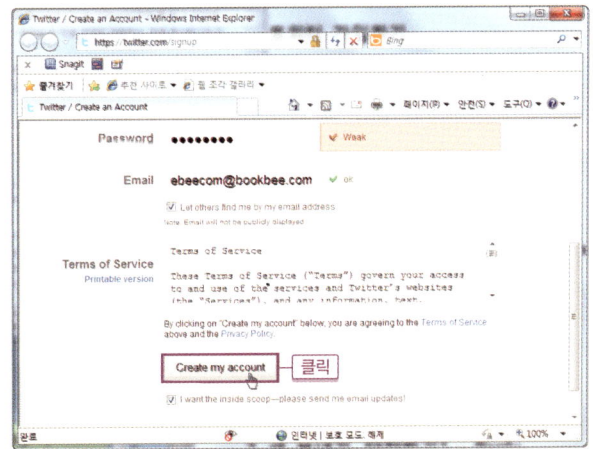

05 자동으로 가입하는 스팸 유저들을 막기 위해서 보이는 단어를 입력하라는 창이 표시되는데, 잘 보고 입력한 후 [Finish] 버튼을 누릅니다.

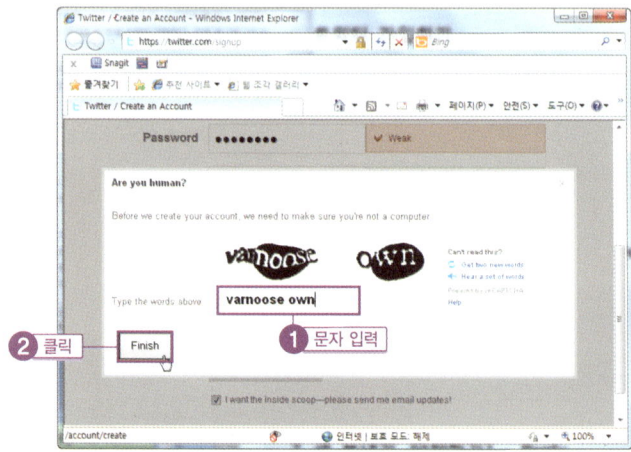

06 보이는 단어를 잘못 입력했을 경우 재입력 창이 표시됩니다. 이 때는 다시 한 번 입력하고 [Finish] 버튼을 클릭합니다.

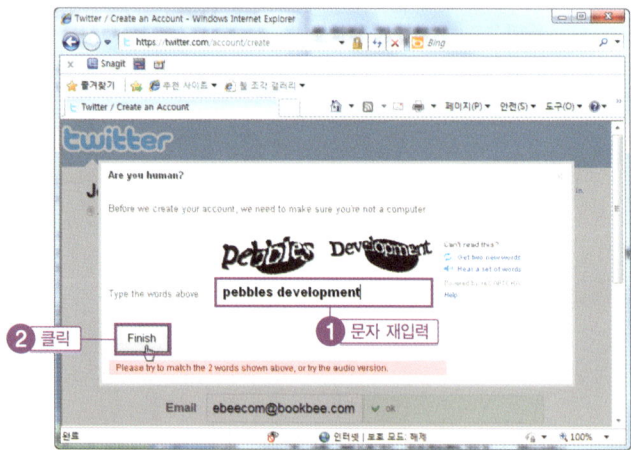

07 가입을 완료하면 몇 가지 질문 사항이 표시되는데, 모두 [Next] 버튼을 눌러 통과합니다.

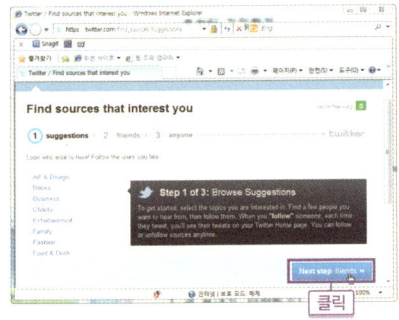

클릭

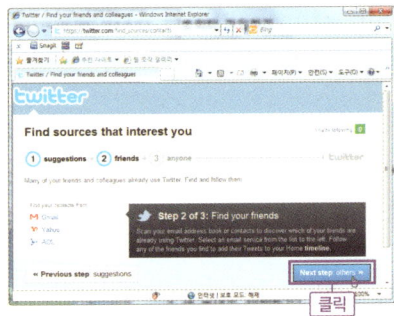

클릭

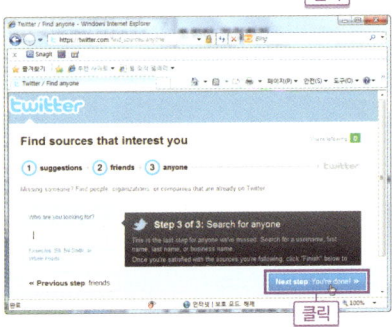

클릭

08 가입시 입력한 메일을 확인해 보면, 트위터에서 보낸 메일을 확인할 수 있습니다. 메일을 열어 중간쯤에 드위터 가입 확인 링크가 표시되어 있는 부분을 클릭합니다.

이메일 주소 인증하기 위해 클릭

09 twitter.com에서 회원가입을 완료하면 한글 트위터(http://twtkr.com/트 위터 가입아이디)에 접속할 수 있습니다.

🐦 tip _ 한국어 트위터

1. 한글 트위터 사이트도 있지만, 회원가입은 트위터닷컴에서 직접 해야 합니다. 다음 그림은 한글 트위터 화면입니다. 주소는 http://twtkr.com 입니다.

한글 트위터에 접속하려면 트위터 닷컴에서 회원으로 가입해야 합니다.

2. 트위터 회원가입 메뉴를 누르면 트위터에 대한 간단한 설명과 '한글 트위터'에 대해서 간략하게 정리해놓은 설명을 볼 수 있습니다.

3. 다음 화면과 같이 페이지 중간에 있는 [트위터 가입하기] 버튼을 누르면 트위터닷컴 페이지로 이동하여 회원가입을 할 수 있습니다.

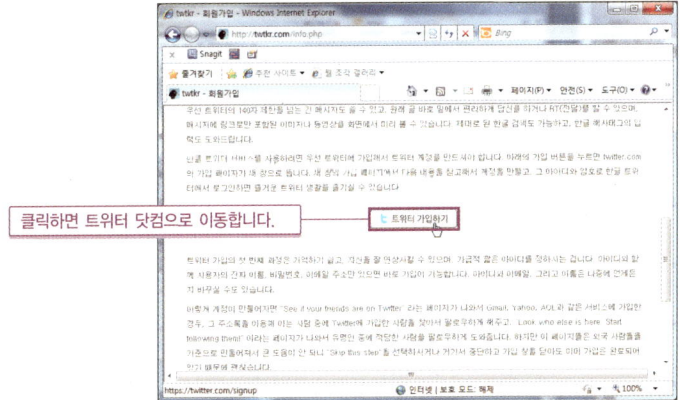

twitter

02 기본적인 세팅하기

여기에서는 트위터닷컴(twitter.com)을 기준으로 설명하겠습니다. 물론 한글 트위터에 접속해도 상관없습니다. 트위터에 가입한 후 접속하면 처음 보이는 화면은 다음과 같습니다.

01 트위터 화면의 메뉴에는 트위터에서 사용하는 '메뉴 목록'과 '글을 입력하는 영역', 그리고 '트위터 활동 내역'으로 구성되어 있습니다.

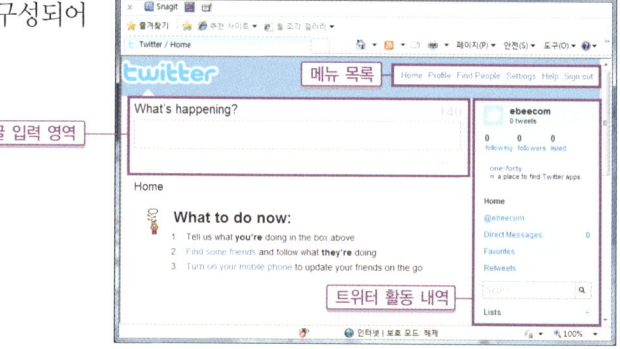

02 트위터의 기본적인 세팅을 위해서 메뉴 목록에 있는 [Settings]를 누릅니다. 세팅은 트위터에 가입한 후 가장 먼저 설정을 해 두어야 합니다.

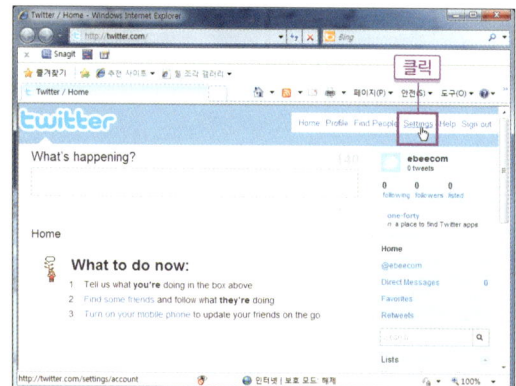

03 다음 그림과 같이 세팅 화면이 표시됩니다.

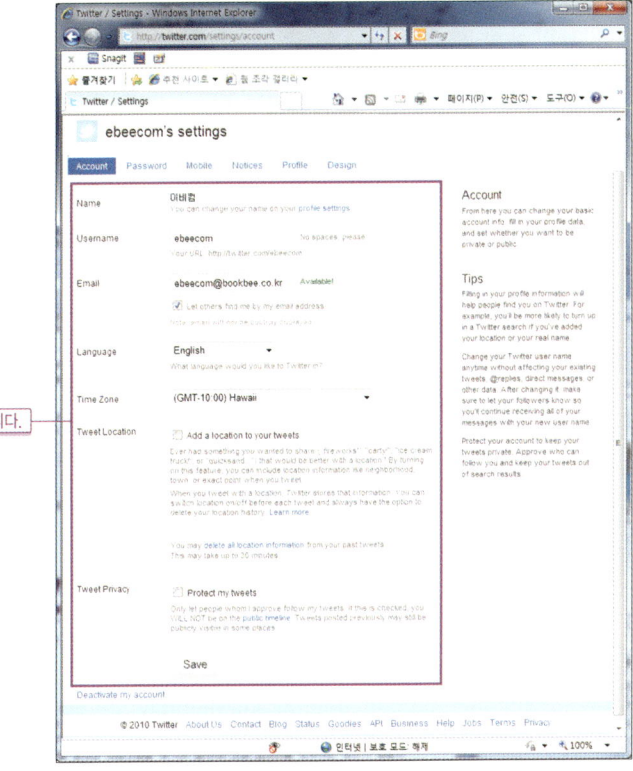

트위터 기본 정보를 설정합니다.

04 Time Zone 항목을 클릭하여 [(GMT+09:00) Seoul]을 선택합니다.

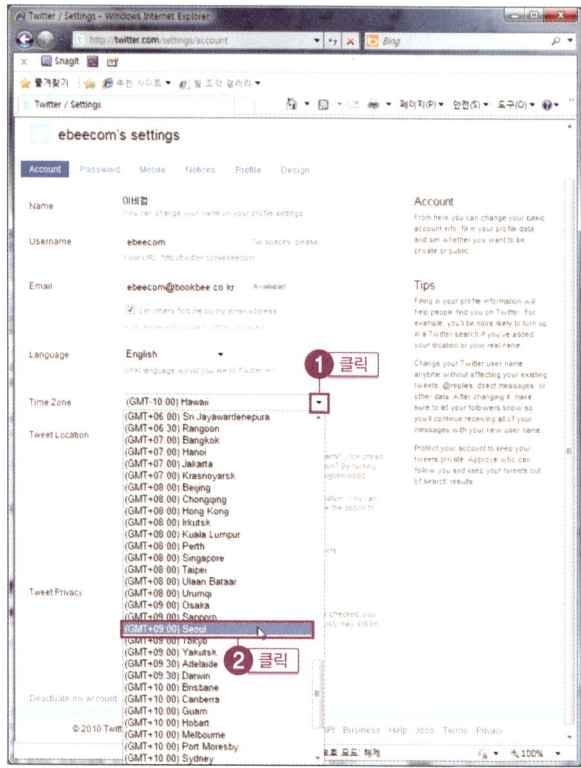

05 Time Zone 설정을 마치면 [Save] 버튼을 눌러 계정에 관련된 세팅을 마칩니다.

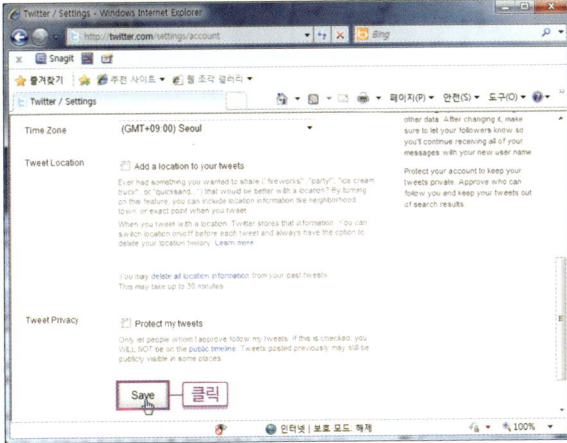

06 변경된 계정 정보를 저장하기 위해서 비밀번호를 묻는데, 입력한 후 [Save Changes] 버튼을 클릭합니다.

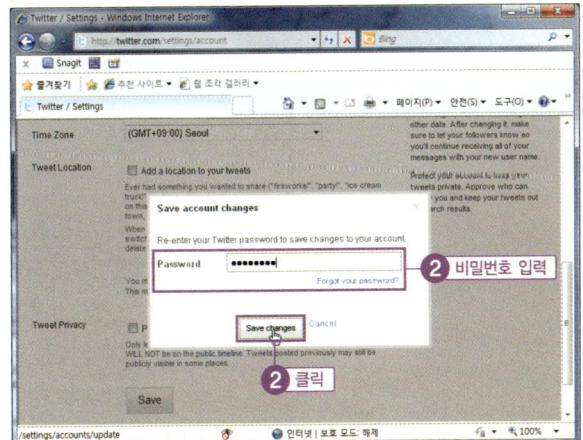

07 이번에는 다른 사람들이 볼 자신의 프로필을 변경하기 위해서 [Profile] 메뉴를 누릅니다.

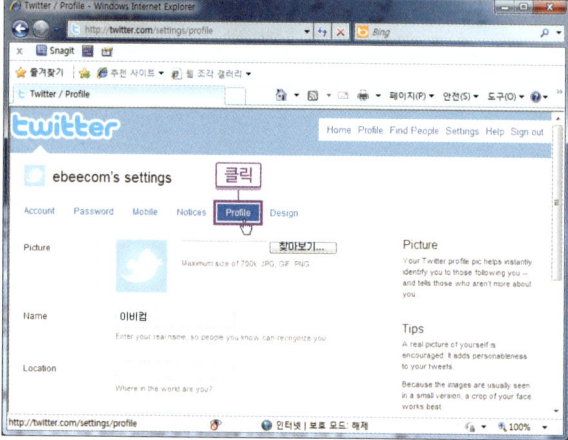

08 트위터에서 프로필 작성은 매우 중요합니다. 왜냐하면 온라인 상에서 상대방을 파악할 수 있는 것이 프로필과 포스팅된 글 외에는 없고, 어떤 프로필 사진을 올리느냐에 따라 내 트위터의 첫인상이 결정되기 때문입니다. 프로필 사진을 올리기 위해서 [찾아보기] 버튼을 누릅니다.

09 노란 손수건이 잔뜩 걸려 있던 대학로의 한 나무를 제 프로필 사진으로 올렸습니다. 사진은 크기는 상관없지만 700KB 미만의 용량의 JPG, GIF, PNG 포맷의 사진을 올려야 합니다. 다행이 선택한 사진의 용량이 179KB네요.

10 그 외 Location에는 Dokdo, Korea로 입력하였으며, Web에는 원하는 URL 주소를, Bio 항목에는 직업이나 관심분야, 하고 싶은 말 등을 아주 재미있고 흥미롭게 작성한 후 [Save] 버튼을 누릅니다.

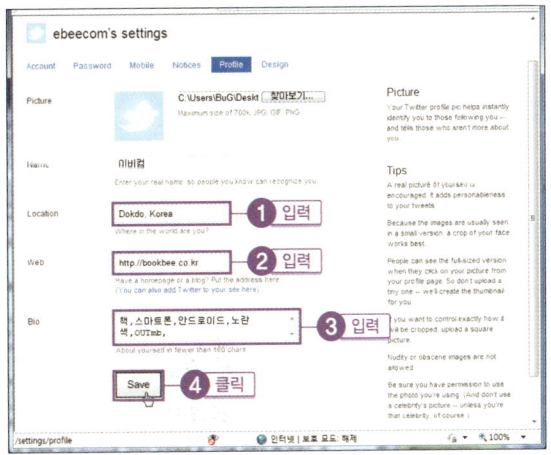

11 작성한 프로필이 저장되었습니다. 사진도 잘 보이네요.

12 [Design] 메뉴를 누르면 자신의 트위터에 맞는 디자인을 수정할 수 있습니다. 기본적으로 제공하고 있는 이미지를 선택해서 사용할 수 있으며, 자신만의 특별한 이미지를 배경으로 별도로 등록하여 사용할 수도 있습니다.

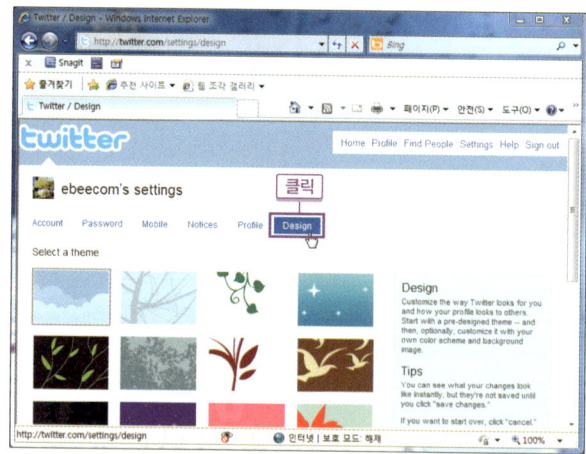

13 [Home] 메뉴를 누르면 변경된 정보를 저장한 채 트위터 처음 화면으로 돌아갑니다.

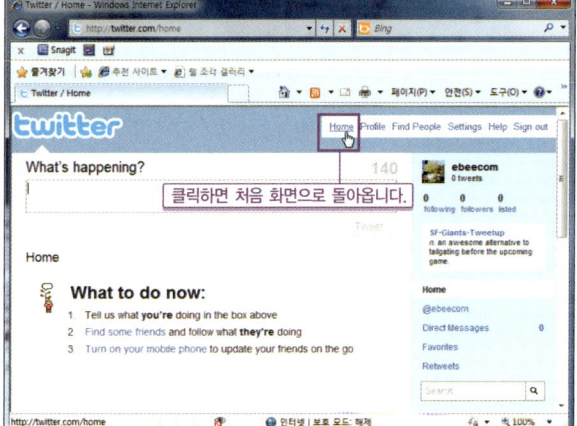

03

다른 사용자 찾아보기

트위터는 팔로윙(following)과 팔로워(followers)로 구분되어 있습니다. following은 내가 직접 등록한 사람을 말하고, Followers는 나를 등록한 다른 사용자를 말합니다.

즉, 팔로윙은 내가 그 사람의 글을 볼 수 있고, 팔로워는 나를 등록한 사람이 내 글을 볼 수 있습니다.

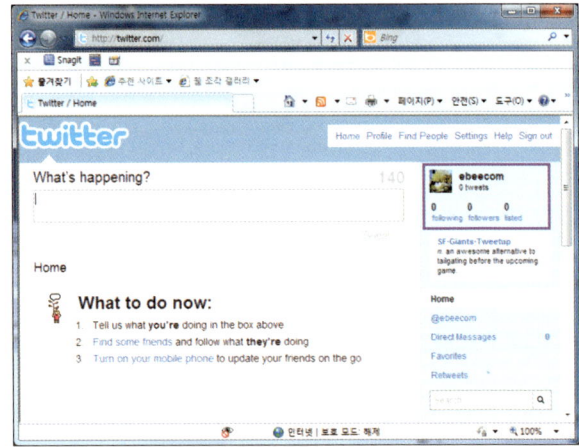

팔로윙과 팔로워의 개념을 알았다면, 사용자를 추가하는 방법에 대해서 알아보겠습니다.

즉, 내가 할 수 있는 것은 다른 사람을 찾아 팔로우를 하는 것입니다. 내가 팔로우 한 사람의 수는 Following에서 숫자로 나타납니다. 그리고 나를 팔로우 한 사람의 수는 Followers에 나타납니다.

처음 만들어진 트위터라 두 숫자 모두 0으로 되어 있습니다. 부지런히 쫓아 다니면서 좋은 글이나 관심 있는 인물들을 팔로우 하다 보면 점차 많은 인맥을 쌓을 수 있습니다.

우선 트위터에서 사람을 검색하는 방법에 대해서 알아보겠습니다. 그리고 팔로윙 하는 법을 알아보겠습니다.

01 메뉴에서 [Find People] 메뉴를 누릅니다.

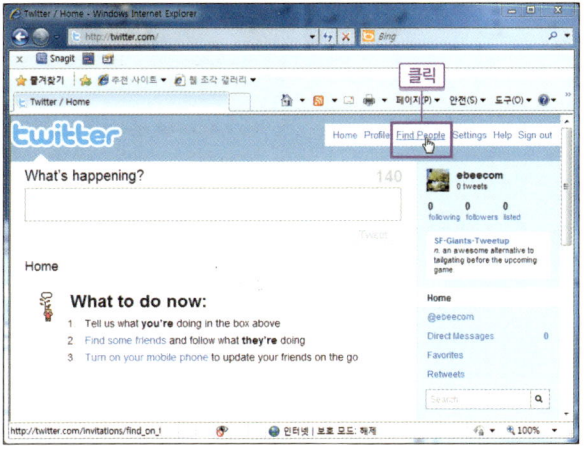

02 입력창에 찾고자 하는 사람의 아이디를 입력한 후 [Search] 버튼을 눌러 해당 사용자를 등록할 수 있습니다. 다음 아이디는 김제동 님의 트위터 주소입니다.

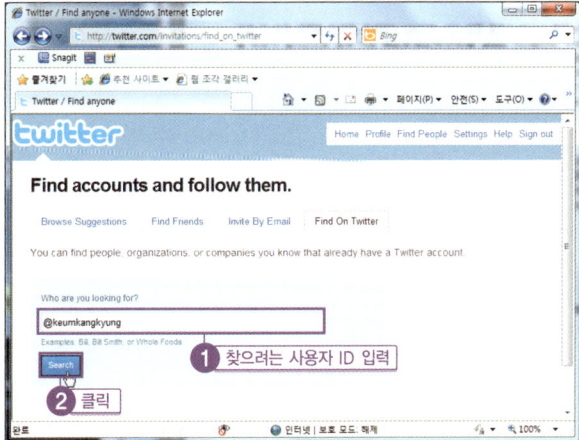

03 원하는 검색 결과가 표시되면, 보이는 아이디를 클릭하면 원하는 사람의 트
위터로 이동할 수 있습니다.

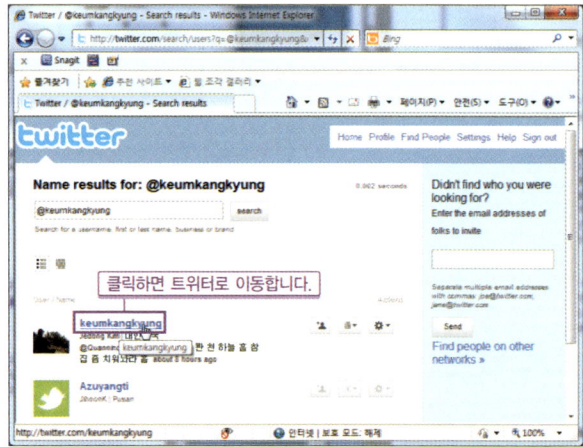

04

다른 트위터 방문하고
Follow하기

이번에는 다른 사용자의 트위터를 방문하고, 팔로우(Follow)해 보겠습니다. 제가 참 좋아하는 연예인 중 한 분인 김제동 님의 트위터를 조금 전에 검색해보았습니다. 이번에는 김제동 님의 트위터를 방문해서 팔로우를 하겠습니다. 그러면 김제동 님이 글을 남길 때마다 볼 수 있습니다.

01 김제동 님의 트위터 주소인 Keumkangkyung을 검색한 목록입니다. 김색 결과를 클릭합니다.

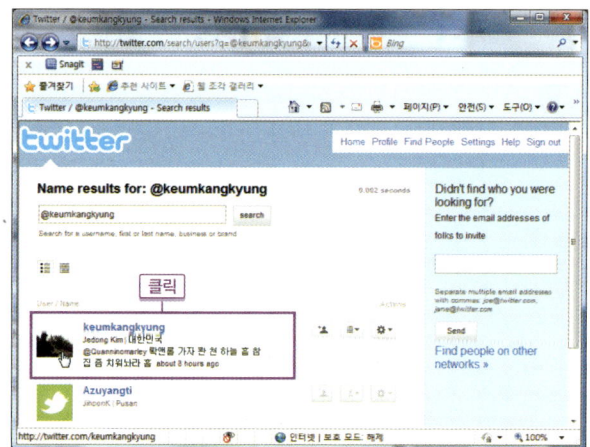

02 김제동 님의 트위터로 이동하였습니다. 트위터의 주소 체계는 'twitter. com/사용자아이디' 형식으로 구성되어 있습니다.

03 다른 사용자의 트위터를 방문하면 보이는 [Follow] 버튼을 눌러 바로 등록하는 것입니다. 즉, 등록한 사용자의 글이 내 트위터에 자동으로 나타납니다.

04 방문한 트위터를 등록하게 되면 Follow라 표시되어 있는 버튼이 Following
으로 바뀌어 표시됩니다.

Follow를 하게되면
Following으로 바뀝니다.

 tip _ 팔로우 해지하기

톱니모양의 아이콘을 클릭한 후 표시되는 메뉴에서 [Unfollow] 메뉴를 선택합니다.

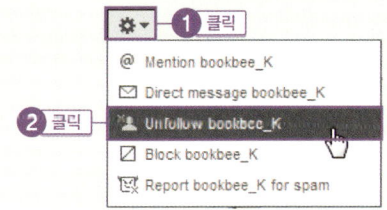

05 팔로우 하게 되면 내 트위터로 돌아와서 확인했을 때, Following의 숫자가
0에서 1로 바뀐 것을 볼 수 있습니다. 이와 같이 다른 사용자를 팔로우 했을
때 팔로윙(following)의 숫자가 늘어납니다. 또한 팔로우 한 사용자의 글이
내 트위터의 타임라인을 통해서 보입니다.

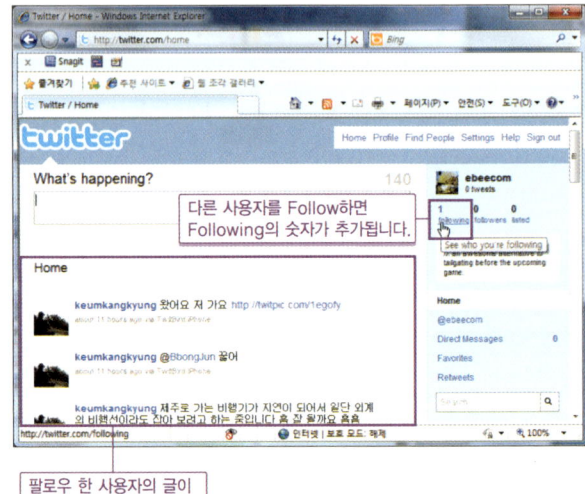

 _ 팔로우란?

트위터에 가입한 후 접속하면 '0'이란 숫자의 Followers 또는 아주 낮은 숫자의 followers에 좌절할지도 모르겠지만, 아무리 인기 있는 사람의 트위터도 바로 숫자 0부터 시작했습니다. 천천히 꾸준히 글을 올리고, follow를 하다보면, 자신에게도 많은 followers가 생긴 것을 확인할 수 있을 것입니다.

트위터를 즐기려면 어느 정도의 Following과 Followers가 있어야 하는데, Following이 너무 많을 경우에는 타임라인에 올라오는 글을 다 읽지 못합니다. 예를 들어 Following이 1000명이라고 했을 때 천명이 글을 한 번씩만 올린다고 해도 1000개의 글이 쏟아져 나오는데, 어떻게 글을 다 읽을 수 있을까요?
following은 내가 다른 사용자의 트위터에서 follow 버튼을 누르면 숫자가 올라가지만, followers는 다른 사용자가 나를 등록해줘야 올라가는 숫자입니다. following은 나에게 글을 보내는 사람들의 숫자고, followers는 내 글을 보겠다는 사람들의 숫자입니다.

```
1,974    1,822    57
following followers listed
```

즉, following은 내 자신이 다른 사용자를 등록해서 숫자를 올릴 수 있지만, followers는 트위터에 관심을 갖고 타임라인에 꾸준히 글을 올리고, 좋은 정보를 공유하다 보면, 다른 사용자들이 내 트위터를 등록하게 될 것입니다.

많은 팔로워를 가지고 있는 사용자의 한마디는 그 파급력이 크기 때문에 새로운 언론 미디어로서도 충분히 가치를 가지고 있습니다.

twitter

05

타임라인은 뭘까요?

이처럼 다른 사용자의 트위터를 방문하여 Follow(등록)를 하면
Follow한 사람들이 쓴 글을 내 트위터를 통해서 볼 수 있습니다.
트위터에 처음 접속하면 다음 화면이 표시되는데, 다른 트위터를 방
문한 상태에서도 Home 버튼을 누르면 바로 내 트위터 첫 페이지
로 이동합니다.

01 자신의 트위터로 이동하면 자신이 본인의 트위터 화면에서 등록(Follow)한
사람들의 글이 표시되는데, 이렇게 글이 표시되는 영역을 '타임라인'이라고
합니다.

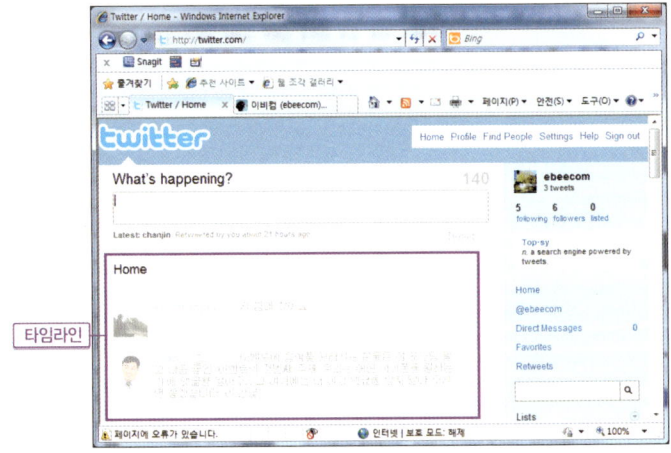

02 타임라인에 글을 올리기 위해서 글 작성 칸에 글을 작성한 다음 [Tweet] 버튼을 누릅니다.

03 지금 막 작성한 글이 타임라인에 표시되는데 최신의 글이기 때문에 제일 위에 표시됩니다.

tip _ 타임라인에서 볼 수 있는 대표적인 내용

기본적으로 타임라인에서 내가 쓴 글은 당연히 보여야겠지요. 내 트위터에서 볼 수 있는 대표적인 내용은 다음과 같습니다.

1. Reply : 누군가 내 글에 대한 답변으로 나에게 보낸 글
2. Tweet : 내가 올린 글이나 내가 등록(Follow)한 사람이 쓴 글
3. Retweet : 내가 등록(Follow)한 사람이 전달(Retweet)한 글
4. 등록(Follow) : 여부와 상관없이 '@+자신의 아이디' 가 있는 모든 글

06 140자의 아름다운 글쓰기

트위터는 스마트폰(모바일)과의 연동 등의 이유로, 한 번에 입력할 수 있는 글의 수를 140자 미만으로 제한하고 있습니다. 그런데 140자 글 수 안에 자신의 아이디도 포함되기 때문에 짧은 아이디를 사용하는 것도 글을 쓸 때에는 좀더 유리할 수도 있습니다.

그러나, 트위터는 언제든지 자신의 아이디 등 기본 정보를 수정할 수 있기 때문에 가능하다면 자신의 아이디를 영문 10자(한글5자) 이하로 설정하는 것이 좋습니다.

01 다음 그림과 같이 What's happening? 라고 쓰인 글쓰기 창에 글을 입력할 수 있습니다.

02 쓰고 싶은 글을 올린 후 [Tweet] 버튼을 누릅니다.

03 자신의 타임라인에 글이 올라간 것을 확인할 수 있습니다. 이렇게 남긴 글은 자신의 Followers가 볼 수 있습니다. 아직 Follower가 한명도 없기 때문에 자신의 글을 보는 사람은 한 명도 없습니다.

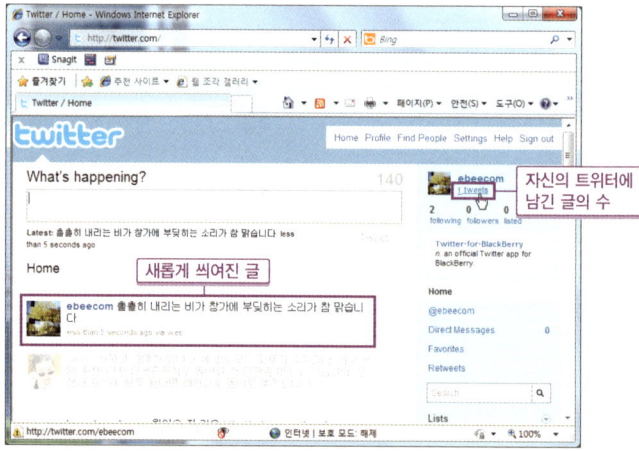

화면 오른쪽에서 자신의 닉 아래에 보이는 1tweets는 한번 글을 남겼다는 뜻입니다.

 tip _ 글쓰기 창에 쓸 수 있는 내용

글쓰기 창에 쓸 수 있는 내용은 다음과 같습니다. 글쓰기 창을 이용해서 많은 트위터 사용자들과 대화를 나눠보세요.

❶ 글쓰기(혼잣말이나 공지) : 글쓰기는 흔히 혼잣말이나 하고 싶은 말을 쓰는 겁니다. 여기에 글을 쓰면 자신의 Followers(자신을 등록한 사용자)들이 볼 수 있습니다. Followers를 등록하지 않아도, 누군가 자신의 트위터를 방문할 경우에는 작성한 글을 볼 수 있습니다.

❷ 글 보내기, 답장하기(Reply, DM) : 글 보내기(Reply)는 누군가를 등록(Follow)한 후 인사말을 남길 때 많이 사용합니다. 또한 다른 사용자가 자신에게 보낸 글에 대한 답장을 하고 싶을 때 사용할 수 있습니다. 글 보내기에는 타임라인에 글이 올라가는 공개적인 형태(Reply)와 글을 받은 사용자만 볼 수 있는 비공개의 DM(Direct message)이 있습니다.

❸ 언급하기(Mention) : 작성하는 글 중간에 상대방의 아이디를 적어 넣을 수 있는데, '@+아이디'가 글에 포함되면, 언급된 상대의 타임라인에 무조건 해당 글이 올라갑니다.

❹ 전달하기(Retweet) : Retweet은 '전달'이라고 생각하면 되는데, 타임라인에 정말 중요한 정보나 공유하고자 하는 내용을 보았을 때 자신의 Followers에게 함께 볼 수 있도록 그 내용을 전달하는 기능입니다. 트위터의 핵심적인 기능이 바로 Retweet인데, Retweet을 통해서 필요한 정보가 기하급수적으로 알려지는 것입니다.

twitter

07

댓글 쓰기, 답장하기
Reply

답장하기는 조금 전에 팁에서 설명한 것과 마찬가지로 다른 사용자
가 자신에게 보낸 글이나 자신의 타임라인에 올라온 글에 대한 답
장을 하고 싶을 때 사용할 수 있습니다.

01 먼저 자신의 트위터 홈으로 이동해보도록 하겠습니다.

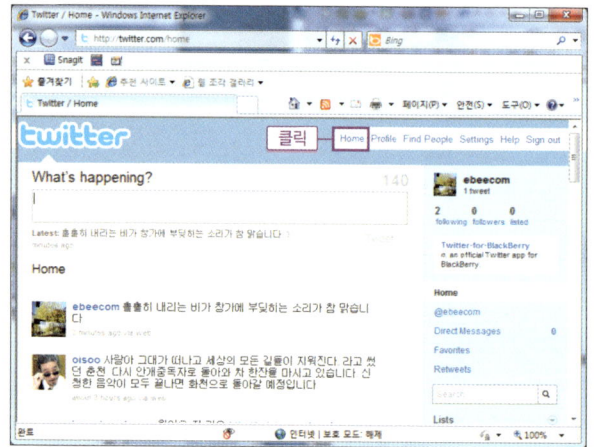

02 자신의 타임라인에 올라온 글 중 다음 그림과 같이 마우스를 가져다 대면, Reply, Retweet 메뉴가 표시되는 것을 볼 수 있는데, Reply를 클릭합니다.

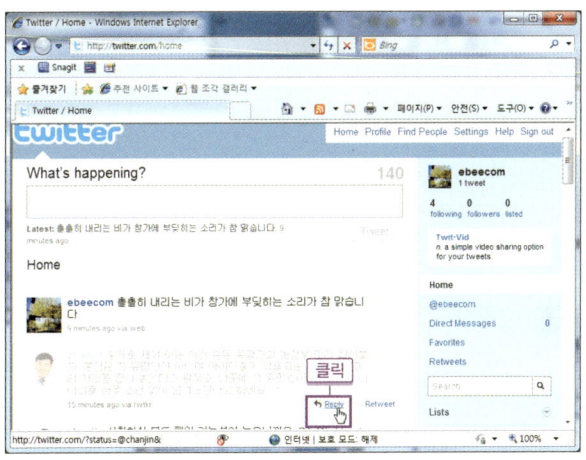

03 @ 표시와 함께 아이디가 글쓰기 창에 표시되는데, 한 칸을 띄고 쓰고 싶은 내용을 입력한 후 [Tweet] 버튼을 누르면 글을 남긴 상대에게 답글을 보낼 수 있습니다.

tip _ Reply 보내기

자신의 타임라인에 올라온 글에 마우스를 가져다 대면 나타나는 메뉴에서 Reply를 클릭하여 글을 남긴 상대에게 글을 보낼 수 있습니다. 또한, Reply 버튼을 선택하지 않고 "@+아이디+ 하고 싶은 말"을 바로 입력해서 답글을 보낼 수도 있습니다.

다음 그림과 같이 @아이디 '한칸띄고' 하고 싶은 말을 써야 합니다.

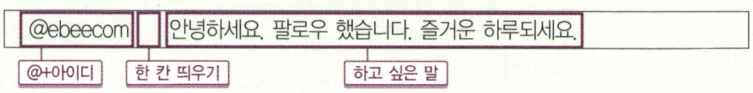

04 자신이 작성했던 글을 삭제할 수 있는데, 자신이 작성했던 글에 마우스를 가져다대면 [Delete] 버튼이 활성화되는데, 삭제하고자 할 경우 [Delete]를 클릭합니다.

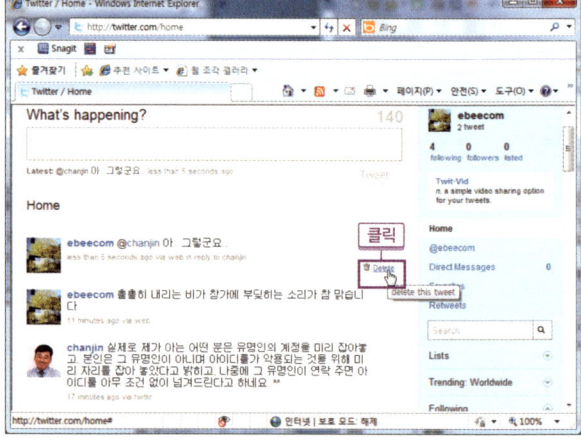

tip _ Reply 할 때 본 내용을 보려면 [in reply to]

Reply를 하다가 막상 본래 했던 말이 궁금해질 때가 있습니다. 이 때 in reply to를 클릭하면 어떤 글에 대한 답변인지 본래의 글을 쉽게 확인할 수 있습니다.

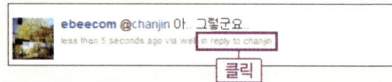

twitter

08

비공개로 글 보내기
(DM, Direct Message)

DM은 일종의 쪽지 개념으로 비공개로 글을 주고 받을 때 사용할 수 있으며, 자신을 Follow한 상대에게만 DM을 보낼 수 있습니다. DM을 보내는 방법은 두 가지 방법에 대해서 알아보겠습니다.

01 다음 그림과 같이 'd'를 입력하고 한칸 띄고, '아이디' 한칸 띄고, '하고 싶은 말'을 입력한 후 [Tweet] 버튼을 누릅니다.

02 이번에는 트위터의 메뉴에서 DM을 보내기 위해 Direct Messages를 클릭합니다.

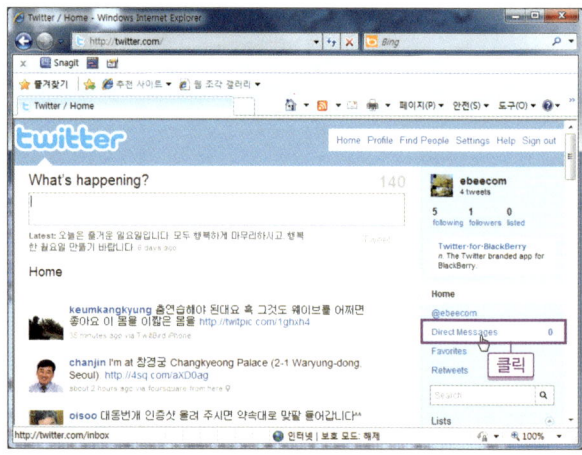

03 DM을 보낼 수 있는 목록이 표시되는데 자신을 Follow 한 사람들의 명단이 표시됩니다. 상대방 목록을 선택한 다음 내용 입력 창에 글을 입력하고, [Send] 버튼을 누르면 됩니다.

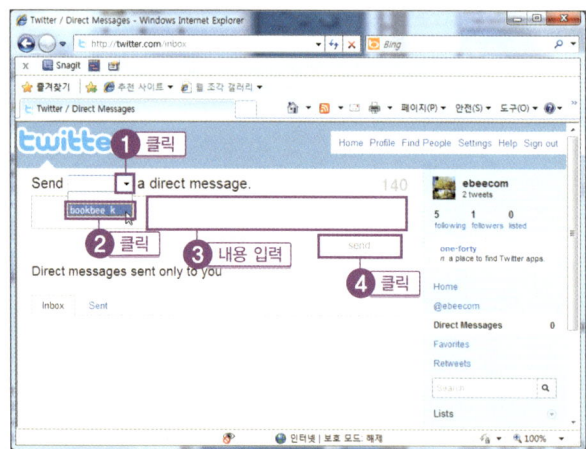

09

언급하기(Mention)

글쓰기 중간에 상대방의 아이디를 넣는 것을 Mention(언급하기)이 라고 말하는데, 글쓰기 중간에 '@ + 아이디'를 쓰게 되면, 해당 아 이디의 트위터 타임라인에 작성한 글이 올라갑니다.

01 Mention(멘션)을 작성할 때 맨 앞에 '@ + 아이디'를 입력하면 답장하기 (Reply)의 형태로 상대방의 타임라인에 글이 올라갑니다.

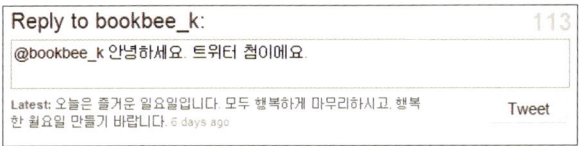

02 만일 글을 다음 그림과 같이 언급하기 형태로 남길 경우에는 답장하기 형태 가 아닌 일반적인 글쓰기처럼 되기 때문에 자신을 Follow한 모든 사용자가 볼 수 있습니다.

03 이와 같은 방법으로 여러 사용자의 타임라인에 글을 올릴 수 있습니다. 단 140자 한정되기 때문에 사용자 아이디만 가득한 글이 될 수도 있으니, 항상 140자 글자 내에서 어떻게 글을 남길 것인가를 고민해야 합니다.

twitter

10

전달하기(Retweet, RT)

Retweet(전달하기)은 타임라인에 올라온 좋은 글이나 정보를 나를 등록한 Follower들과 함께 볼 수 있도록 이메일로 생각할 때 포워딩하는 것이라 생각하면 됩니다. 또한 줄여서 RT라고 하는데, 좋은 정보일 경우 RT의 RT를 반복하다보면 기하급수적으로 많은 사람들이 볼 수 있게 되는 것입니다.

01 RT하는 방법에 대해서 알아보겠습니다. 타임라인에 마음에 드는 글이나 정보가 있을 때, 마우스를 가져다대면 다음 그림과 같이 Reply와 Retweet라는 메뉴가 보이는데, 여기에서 Retweet을 클릭합니다.

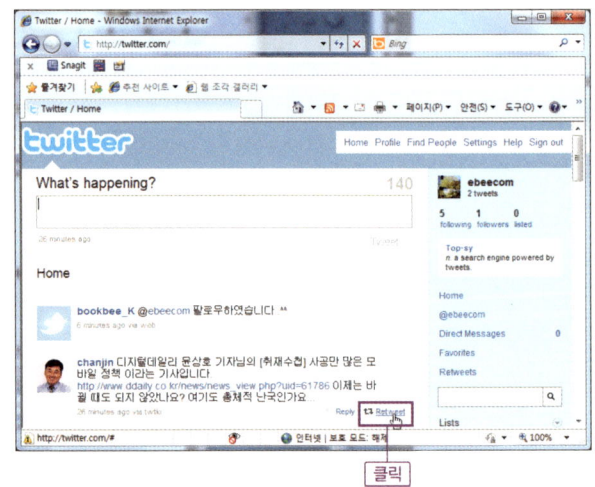

02 Retweet to your followers? 라는 메시지가 표시되면 [Yes] 버튼을 클릭합니다.

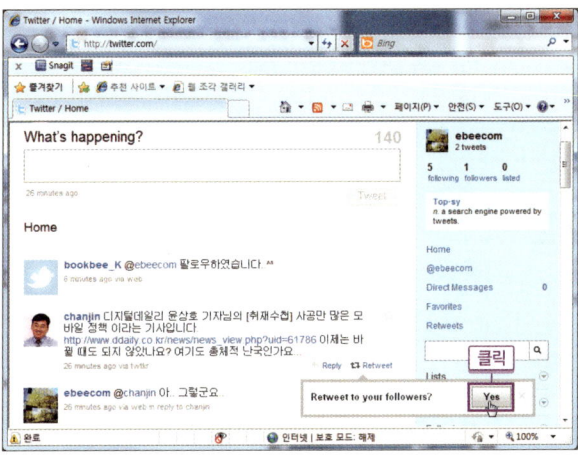

03 선택한 글이 전체 followers의 타임라인에 표시되면서 다른 사용자들이 같은 정보를 공유할 수 있습니다.

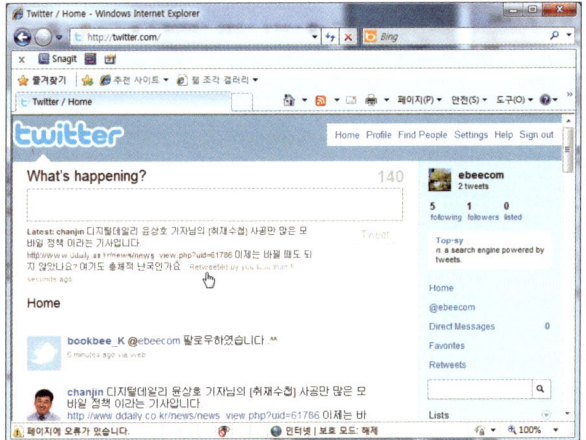

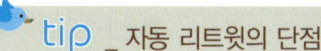

tip _ 자동 리트윗의 단점

버튼을 이용해서 Retweet를 하게 되면 자동으로 리트윗을 하기 때문에 그 내용에 자신의 생각을 첨부할 수 없다는 단점이 있습니다. 그냥 있는 그대로의 글을 RT 할 뿐입니다. 한 글 트위터(twtkr.com)에서는 내용을 추가하여 RT할 수 있습니다.

04 만약 Retweet 하고 싶은 글에 대해서 자신의 의견을 첨부하고자 할 경우에 자동리트윗을 하면 안되고 수동으로 리트윗 할 수 있습니다.

05 다음 그림과 같이 '자신의 의견 RT @아이디 상대방이 한말' 의 형식으로 입력합니다. 상대방이 한 말은 복사해서 붙여넣기 하면 편리합니다.

06 타임라인에 리트윗 한 글이 올라옵니다.

새롭게 올라간
리트윗 글

07 상대방의 타임라인에도 RT 한 글이 올라온 것을 확인할 수 있습니다.

08 Retweet은 Reply와 비슷하지만, Reply는 정해진 한사람에게만 글이 가지만, Retweet은 나를 팔로우 한 모든 사람에게 글이 가기 때문에 RT를 남발할 경우 다른 사용자에게 불편을 끼칠 수 있습니다. RT는 꼭 필요한 정보나 공유하고 싶은 경우에만 사용하기를 바라며, 개인적인 내용은 DM을 사용하면 됩니다.

제2장

더욱 쉽게 다가설 수 있는
한글 트위터 twtkr.com

트위터는 영문으로 되어 있기 때문에 영어울렁증이 있는 사용자라면 꽤히 어렵게만 느껴집니다. 트위터는 생각보다 쉽게 활용할 수 있지만, 단순히 영어로 이루어진 메뉴때문에 불편한 분들을 위해서 드림위즈에서 한글 메뉴와 좀 더 편리한 기능의 메뉴를 추가해서 사용자들이 트위터를 편리하고 쉽게 활용할 수 있도록 만들어 놓았습니다. 트위터를 통해서 회원으로 가입한 후 한글 트위터 (twtkr.com)를 이용하여 트위터 생활을 할 수 있습니다.

twitter

01

한글 메뉴로 된
twtkr.com에서 놀자

트위터(twitter.com)는 영문으로 되어 있기 때문에 처음에는 좀 친해지기 어렵습니다. 하지만 트위터는 오픈 API라는 기능을 통해서 twitter.com에 접속하지 않아도 다른 사이트나 응용 프로그램을 이용해서 twitter.com의 자료를 이용할 수 있는데, twtkr은 이러한 오픈 API를 이용하여 트위터를 우리나라에서 한글로 편리하게 사용할 수 있도록 만든 트위터 웹 클라이언트입니다.

twtkr은 영문으로 되어 있는 트위터를 한글로 쉽게 사용할 수 있도록 해주면서 다양한 부가 기능을 지원해주기 때문에 트위터가 영문 메뉴로 구성되어 있어 접근하기 꺼려지는 문제를 해결한 한글 트위터입니다.

한글 트위터는 트위터(twitter.com)와 같이 사용자 아이디를 사용합니다. 즉, 트위터에서 twitter.com/ebeecom이 주소라면 한글 트위터에서도 twtkr.com/ebeecom으로 접속해도 같은 글을 볼 수 있습니다. 두 개의 주소가 같은 사이트라고 생각해도 트위터를 활용하는 데에는 차이가 없습니다.

트위터에 가입할 때 한번만 twitter.com을 방문해서 가입한 후 twtkr만 사용해도 트위터를 활용하는데 전혀 지장이 없습니다. 또한 한글로 되어 있기 때문에 좀더 쉽게 트위터를 사용할 수 있습니다.

twitter

02

twtkr 로그인하기

이제 본격적으로 트위터를 쉽게 활용할 수 있는 twtkr에 접속해 보도록 하겠습니다.

01 트위터(twitter.com)에서 회원 가입을 마친 후 twtkr.com에 접속하고, 가입한 아이디(이메일 주소)와 비밀번호를 입력한 후 [로그인] 버튼을 누릅니다.

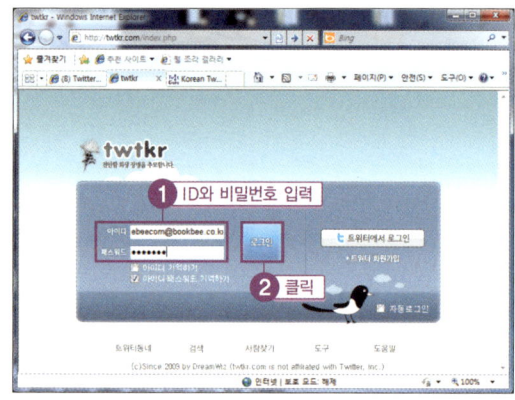

02 한글로 된 트위터 화면을 볼 수 있습니다. 영문으로 된 것보다 훨씬 쉽게 보이시죠?

한글 트위터를 사용하면 좀더 쉽고 편리하게 사용할 수 있는데, 그 중 몇 가지만 알아보도록 하겠습니다.

1. 자신이 작성한 글에 대해서 배경색이 다르게 표시되어, 자신만의 글을 쉽게 확인할 수 있습니다.

2. 내용을 입력하는 입력창 위로 몇 가지 메뉴가 보이는데, URL을 축소, 이미지 삽입, 맞춤법, 투표, 위치(지도삽입), 트랙백 기능까지 쉽고 간단하게 사용할 수 있습니다.

3. 각 메뉴를 사용하기 위해서 글을 입력한 후 필요한 메뉴를 클릭하면 됩니다. 여기에 서는 간단하게 이미지를 추가로 삽입해 보도록 하겠습니다. [이미지] 메뉴를 클릭합니다.

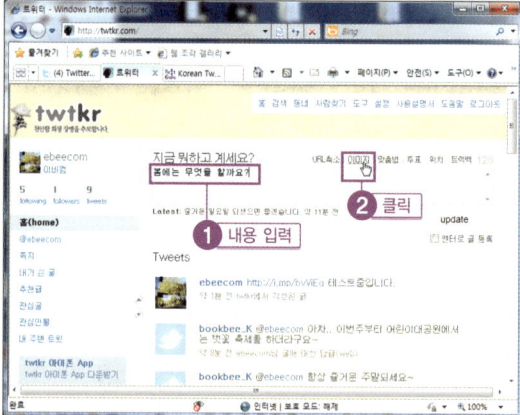

4. 이미지를 찾는 화면이 표시되면, [찾아보기] 버튼을 누릅니다.

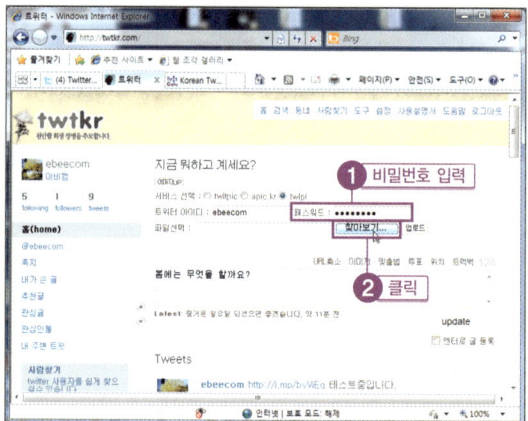

5. 트위터에 올리고자 하는 사진 파일을 선택하고 [열기] 버튼을 눌러 선택한 후 찾아보
   기 버튼 옆에 있는 [업로드]를 누릅니다.

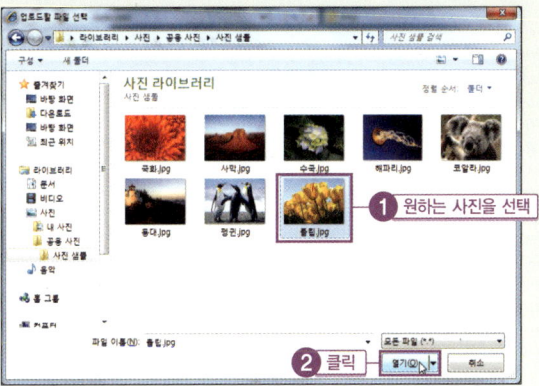

6. 글 입력창에 사진이 올라가 있는 링크 주소가 표시되는데, [Update] 버튼을 누릅
   니다.

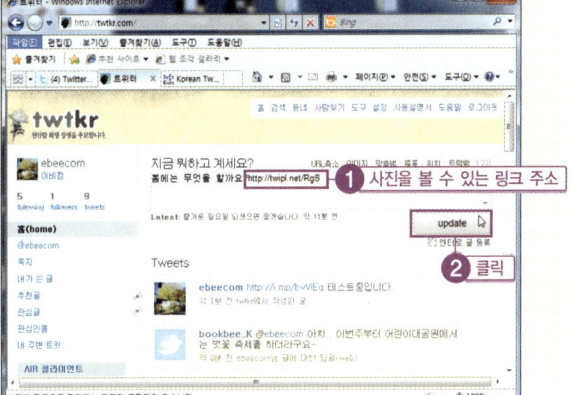

7. 트위터에 선택한 사진이 올라간 것을 확인할 수 있습니다. 한글 트위터에서는 이처럼 사진도 함께 보입니다.

8. 트위터(twitter.com)에 접속한 후 확인해 보면, 글 내용만 보이고, 사진이 있는 곳의 URL 주소만 보이는 것을 확인할 수 있습니다.

9. 트위터에 표시된 링크 주소를 클릭하면 사진을 볼 수 있습니다. 이와 같이 영문 트 위터에서는 새로운 창을 열어서 사진이나 다른 요소를 보여주지만, 한글 트위터에서 는 간단하게 자체 창에서 한 번에 보여주기 때문에 좀더 편리하게 트위터를 할 수 있습니다.

▲ twitter.com에서는 새창에 사진을 보여주지만 twtkr.com에서 는 글목록에서 바로 사진을 보여줍니다.

twitter

03

나만의 twtkr
초기 화면 꾸미기

한글 트위터에 로그인을 하였다면, 자신에게 맞도록 초기 화면을 꾸
며보도록 하겠습니다. 영문 트위터에 익숙한 분들도 있겠지만, 트위
터를 처음 접하는 분들이라면 한글 트위터를 통해서 익숙해지도록
하는게 좋습니다.

01 다음 화면과 같이 [설정] 메뉴를 클릭하면 한글 트위터의 환경을 설정할 수
있습니다.

02 twtkr을 사용하기 위한 환경을 설정하기 위해서 [환경 설정] 메뉴를 누릅니다.

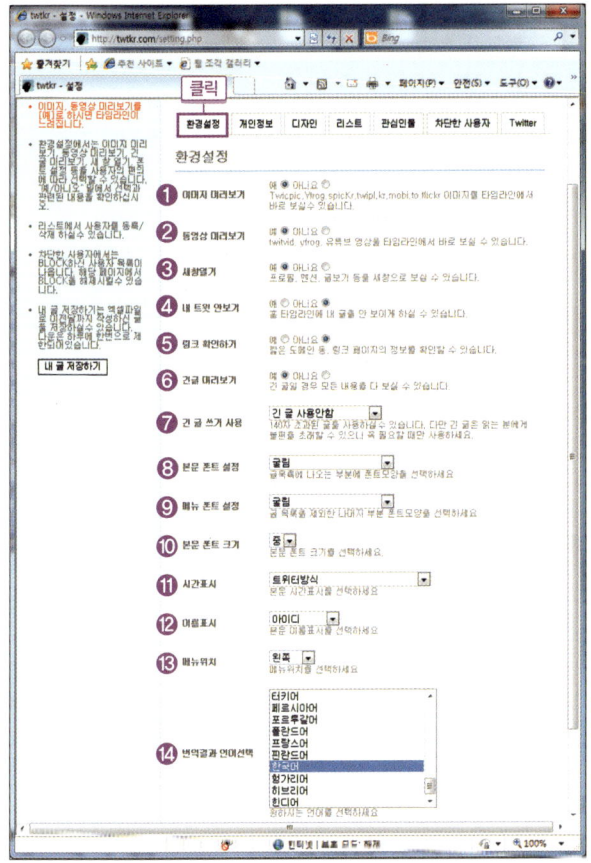

❶ 이미지 미리보기 : Twicpic, Yfrog, spicKr, twipl.kr, mobi.to, flickr 등에 업로드 되어 있는 이미지를 볼 수 있도록 하는 기능을 켜거나 끕니다.

❷ 동영상 미리보기 : twitvid, yfrog, 유튜브 영상을 볼 수 있는 기능을 켜거나 끕니다.

❸ 새창 열기 : 프로필, 멘션, 글보기 등을 새로운 창을 열어서 볼 수 있습니다.

❹ 내 트윗 안보기 : 타임라인에서 내 글을 보이지 않도록 설정합니다.

❺ 링크 확인하기 : 짧은 도메인, 링크 페이지 등의 정보를 확인할 수 있습니다.

❻ 긴글 미리보기 : 내용이 140자를 넘어가는 긴 글일 경우 모든 내용을 볼 수 있도록 합니다.

❼ 긴 글 쓰기 사용 : 140자를 초과된 글을 쓸 수 있을지 없을지 설정할 수 있습니다.

❽ 본문 폰트 설정 : 글 목록에 나오는 글자 모양을 선택합니다.

❾ 메뉴 폰트 설정 : 글 목록을 제외한 나머지 부분의 글자 모양을 설정합니다.

❿ 본문 폰트 크기 : 본문의 글자 크기를 설정합니다.

⓫ 시간 표시 : 본문에 표시되는 시간 표시 방식을 설정합니다.

⓬ 이름 표시 : 본문에 표시되는 이름 표현 방식을 설정합니다.

⓭ 메뉴 위치 : 메뉴의 위치를 왼쪽, 오른쪽 중 하나를 선택할 수 있습니다. 트위터와 같은 방식으로 하려면 메뉴 위치를 오른쪽을 선택하면 됩니다.

⓮ 번역결과 언어 선택 : 번역 기능을 사용하였을 때, 결과를 보여주는 언어를 선택하는데, '한국어'를 선택해 놓습니다.

03 [개인정보] 탭을 클릭한 후 간략한 정보를 입력할 수 있습니다.

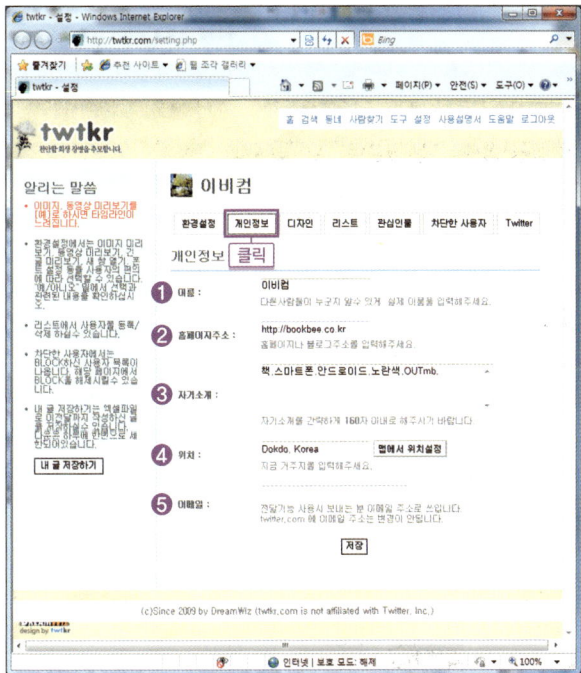

❶ 이름 : 다른 사람들에게 보여줄 이름을 입력합니다.

❷ 홈페이지 주소 : 자신이 사용하는 홈페이지나 블로그 주소를 입력합니다.

❸ 자기소개 : 자신의 소개를 간략하게 입력합니다. 자신의 소개를 잘 입력해 넣
어야 많은 사람들에게 자신을 알릴 수 있습니다.

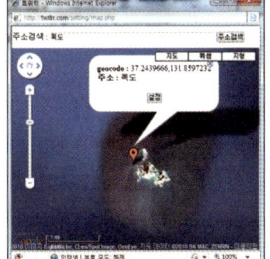

❹ 위치 : 자신의 거주지를 입력합니다. 저는 Dokdo,
Korea를 입력해 놓았습니다.

❺ 이메일 : 전달기능 사용시 보내는 분 이메일 주
소로 쓰입니다.

04 [디자인] 탭을 누르면 한글 트위터의 디자인을 바꿀 수 있습니다. 다른 부분
은 굳이 건드릴 필요가 없지만, 자신의 프로필 이미지는 꼭 넣는 것이 좋습
니다. 이왕이면 보기 좋은 사진을 골라서 넣어야 좋은 첫인상으로 남을 것입
니다.

❶ 트위터 계정 : 트위터 아이디와 비밀 번호를 입력해야만 정보를 수정할 수 있습니다.

❷ 프로필 이미지 : 수많은 트위터 사용자들에게 보여줄 자신의 프로필 이미지를 설정합니다. 700kb보다 작은 GIF, JPG, PNG 파일로 업로드 할 수 있습니다.

［ 찾아보기... ］ : 자신의 프로필 이미지를 150픽셀×150픽셀 정도의 정사각형 크기로 지정하고, 72dpi로 설정한 후 저장하고 프로필 사진으로 사용합니다.

150×150픽셀 크기, 72dpi 해상도 이미지 ▶

［ 프로필 사진 변경하기 ］ : 프로필 사진 선택을 마쳤으면, [프로필 사진 변경하기] 버튼을 누릅니다.

❸ twtkr 스킨 적용하기 : 한글 트위터의 기본 배경 이미지를 선택해서 변경할 수 있습니다.

twitter

04

twtkr에서 타임라인에
글 올리기

twtkr을 이용해서 트위터에 쉽게 글을 올려보겠습니다. 트위터에 처음 가입하고 홈화면(타임라인)이 텅 비어 있는 것을 볼 수 있는데, 글을 하나씩 올리면서 트위터와 친숙해지기 바랍니다.

01 '무슨 일이 일어나고 있나요?' 라는 질문에 쓰고 싶은 이야기를 씁니다.

02 내용 입력을 마친 후 [update] 버튼을 누릅니다.

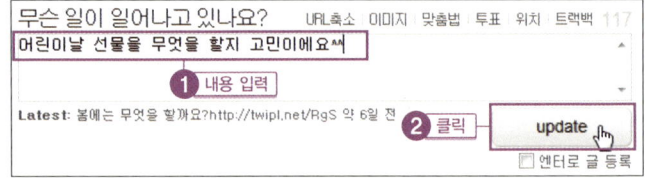

03 입력한 글이 타임라인으로 표시되는 것을 확인할 수 있습니다. 이렇게 타임라인에 올라온 글은 자신을 팔로우(구독) 했던 사람들에게 한꺼번에 보여줍니다.

 tip _ 트위터에서 말하는 140글자는?

일반적으로 컴퓨터나 휴대전화를 기준으로 말할 때, 한글 한 글자는 영문 두 글자와 같습니다. 즉, 영문 80글자면 한글 40글자가 되는 것입니다. 하지만, 트위터에서는 영문1글자나 한글 1 글자나 모두 1 글자로 처리합니다. 그렇기 때문에 영문 140자를 입력하거나 한글 140자를 입력해도 됩니다.

다음 그림을 보면 두 글자를 입력한 후 입력창 오른쪽에 있는 글자 숫자 표시를 보면 두 글자를 입력했으므로, 138글자를 더 입력할 수 있다는 뜻입니다.

05

트위터로 대화하기
(답글, 댓글 @)

이전에 트위터닷컴(twitter.com) 설명을 통해서 몇 가지 글 남기는
방법에 대해서 알아보았습니다. 좀더 정리하는 마음으로 한글 트위
터(twtkr.com)에서 다시 한 번 활용해 보도록 하겠습니다.

01 글을 입력하고 나면 자신의 타임라인에 다음 그림과 같이 표시됩니다.

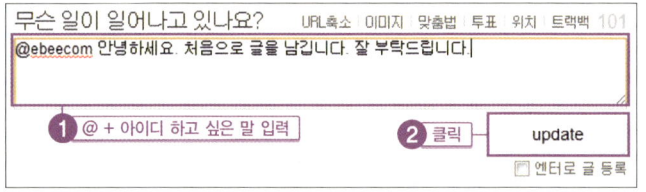

02 글을 입력하고 나면 자신의 타임라인에 다음 그림과 같이 표시됩니다.

03 다음 그림은 상대방의 타임라인에 올라온 모습입니다. 상대방은 자신의 타임라인에 올라온 글을 보고 난 후, 처음 보는 사용자일 경우 사용자명 (bookbee_k)을 클릭하면 글을 남긴 사용자의 트위터 홈 화면으로 이동할 수 있습니다.

04 사용자명을 클릭하면 다음 그림과 같이 글을 남긴 사용자의 트위터로 이동할 수 있습니다.

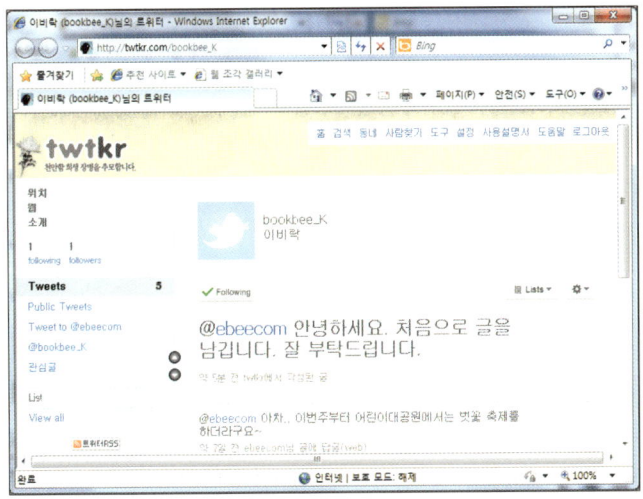

05 다른 사람이 남긴 글이나 자신에게 보낸 글에 대해서 댓글을 달아보겠습니다. 글 위에 마우스를 가져다대면 나타나는 메뉴에서 [Reply] 버튼을 클릭합니다.

06 답장을 입력할 수 있는 공간이 아이디와 함께 표시되는데, 원하는 내용을 입력한 후 [Reply] 버튼을 클릭합니다.

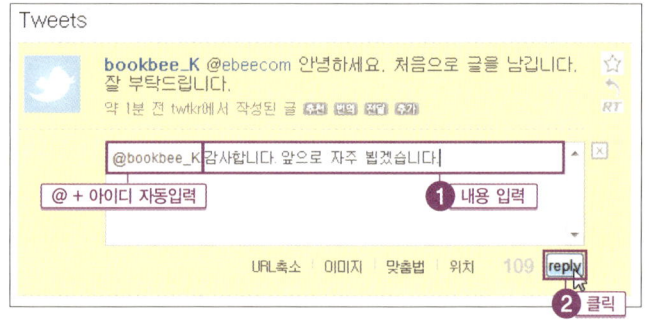

07 글을 남기면 글 입력창 아래에 마지막에 남긴 글이 언제인지 알려줍니다.

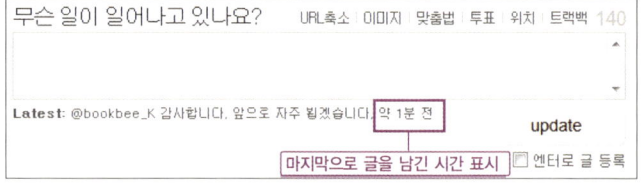

twitter
06 글 전달하기(Retweet, RT)

글(Tweet)을 남기고, 댓글(Reply)을 달고 다양한 의견을 주고받을 수 있는데, 또 하나의 기능이 강력한 리트윗(Retweet)입니다. 이 기능은 다른 사용자의 좋은 글이나 소식을 자신을 팔로우한 사용자들에게 다시 전달하는 기능입니다.

트위터를 통해서 새로운 정보를 올리거나, 질문 같은 글이 올라올 경우가 있는데, 이때 많은 사람에게 정보를 전달하거나 문의할 때 리트윗(RT)을 이용할 수 있습니다.

01 트위터에 새로운 정보가 올라올 경우도 있지만, 간단한 질문이 올라올 경우가 있습니다. 무작정 RT를 할 경우에는 다른 사용자에게 귀찮을 수 있지만, 이번처럼 예쁜 꽃사진과 함께 올라올 경우에는 사진도 함께 보자는 뜻으로 질문 내용을 RT할 수 있습니다.

02 RT 버튼을 클릭하면, 글 내용이 그대로 복사되어 표시되고 자신의 의견을 첨부해서 내용을 다른 사용자들에게 전달할 수 있습니다.

03 RT 글자 앞에 자신의 의견을 추가하고, [update] 버튼을 클릭합니다.

04 자신의 의견이 첨부된 RT가 타임라인에 표시되었습니다.

 tip _ twitter.com과 twtkr.com에서 RT의 다른 점

twitter.com에서 [Retweet] 버튼을 누르면 리트윗 할 것인지 묻는 창이 표시되는데 [Yes]
버튼을 누르면 자신의 의견 추가 없이 바로 글이 전달됩니다.

만일 자신의 의견을 첨부해서 의견을 전달하려면, 타임라인 입력창에 직접 RT를 입력한
후 글 내용을 복사해서 전달할 수 있습니다.
하지만, twtkr에서는 조금 전에도 설명했듯이 간난하게 사신의 의견을 첨부하여 리트윗
할 수 있습니다.

twitter 07 작성한 글 삭제하기

확실하지 않은 정보를 올렸거나, 실수로 글을 잘못 썼을 때 글을 삭
제해야 다른 사용자들이 혼란을 겪지 않습니다.

잘못된 정보를 올렸는데, 다른 사용자가 그 글을 RT 했을 경우를
생각하면, 중요한 글의 경우에는 신중하게 올리는 것이 좋습니다.
글을 삭제한다고 해도 다른 사용자가 RT한 글은 남아 있을 수 있으
므로 완전히 삭제되지 않을 수 있습니다.

01 삭제하고자 하는 글 위로 마우스를 올리면 다음 그림과 같이 메뉴 버튼이 표
시되는데, 휴지통 아이콘을 클릭합니다.

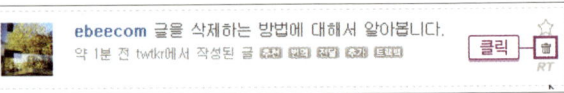

02 삭제할 것인지를 묻는 창이 나타나면 [확인] 버튼을 클릭합니다. 글을 삭제
한 후에는 되살릴 수 없으므로 신중하게 진행합니다.

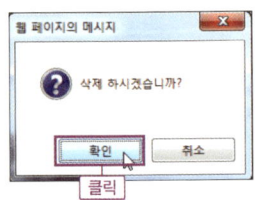

03 조금 전에 작성한 글이 삭제되어 화면이 표시됩니다.

twitter

08

비밀 대화 나누기
(Direct Message, D)

트위터를 통해서 일반적으로 공개된 대화를 나누는 방법은 '@상대방아이디 대화내용' 을 사용합니다. 이 방법은 누구나 볼 수 있기 때문에 비밀 대화를 나누거나 숨기고 싶은 내용을 상대방에서 말할 때에는 DM 기능을 이용하면 됩니다. 단, 쪽지는 나를 팔로우한 사용자에게만 보낼 수 있습니다. 나 자신을 팔로우 하지 않은 사용자에게는 쪽지를 보낼 수 없습니다.

01 입력창에 'd' 를 입력한 후 [Space] 버튼을 누르면 다음 화면과 같이 표시됩니다.

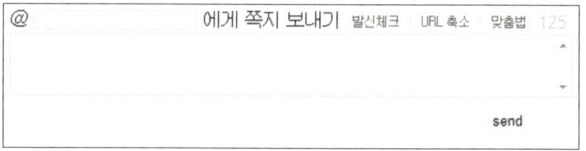

02 쪽지를 보내려는 사용자의 아이디를 입력하고 내용을 입력한 후에 [Send] 버튼을 클릭합니다.

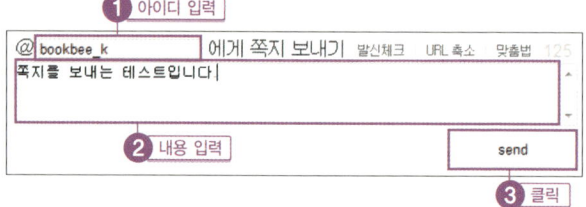

03 오른쪽에 있는 메뉴 중 [쪽지]를 누르면 '받은쪽지'와 '보낸쪽지'를 확인할 수 있습니다.

04 상대방의 트위터 초기 화면이나 프로필 이미지를 클릭하면 보이는 메뉴에서 나를 팔로우한 사용자는 정보창에 쪽지 보내기 창이 표시되어 프로필 창에서 바로 쪽지를 보낼 수 있습니다.

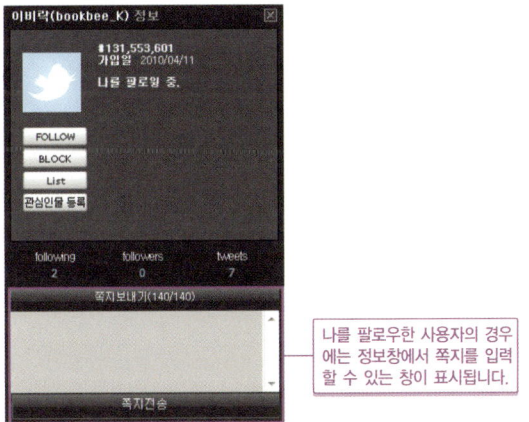

나를 팔로우한 사용자의 경우에는 정보창에서 쪽지를 입력할 수 있는 창이 표시됩니다.

05 나를 팔로우 하지 않은 사용자의 프로필 창에는 쪽지를 보낼 수 있는 영역이 아예 표시되지 않습니다.

제3장

트위터를 쉽게 활용하자.
외부 클라이언트
프로그램 다루기

웹브라우저를 이용해서 트위터를 해 왔다면 이번에는 트위터 전용 클라이언트 프로그램을 이용하는 방법을 알아보겠습니다.

외부 클라이언트 프로그램은 트위터의 오픈 API 장점을 이용하여 확장된 기능의 트위터를 활용할 수 있도록 만들어진 프로그램입니다. 한 번 익숙해지면 외부 클라이언트 프로그램만 이용해서 트위터를 할 정도로 굉장히 편리합니다.

외부 클라이언트 프로그램이란?

클라이언트 프로그램은 트위터를 웹브라우저를 통해서만 사용하는 것이 아니라, 좀더 편리하게 사용할 수 있도록 별도의 응용 프로그램으로 만들어진 것을 말합니다.

또한, 다른 사용자들과 교류가 많아지게 되면서 많은 이용자들과 효과적인 교류가 이뤄지게 되는데, 이때 트위터 자체적으로는 기능이 많지 않지만 트위터의 오픈 API 장점을 최대한 활용한 확장 프로그램들을 잘 이용하면 보다 쉽게 활용할 수 있습니다.

외부 트위터 프로그램을 사용하면서 다음과 같은 편리한 장점이 있습니다.

1. 웹브라우저로 접속하지 않고 바로 트위터를 100% 활용할 수 있습니다.
2. 새 글이나 새 트윗이 올라왔을 경우, 자동으로 알려줍니다.
3. 다른 사용자와 관계를 보다 효과적으로 관리할 수 있습니다.
4. 트위터에 쉽게 사진이나 동영상 파일을 올릴 수 있습니다.
5. URL 줄이기나 140 글자가 넘는 글을 올릴 수 있는 기능을 제공합니다.

외부 클라이언트 프로그램은 기본 사용법이나 원리가 같기 때문에 마음에 드는 것을 골라서 사용하면 됩니다. 한번 익숙해지면, 다른 클라이언트 프로그램을 다룰 때에도 쉽게 사용할 수 있습니다.
여기에서는 몇 가지 외부 클라이언트 프로그램을 소개하도록 하겠습니다.

(1) 립트윗(LipTwit)

국내에서 제작된 한글 트위터 클라이언트 프로그램으로 완벽하게 한글을 지원하고 있으며, 메뉴 등에서도 친숙한 한글 메뉴를 볼 수 있습니다.

▲ 립트윗

(2) 트윗덱(TweetDeck)

트윗덱은 외국에서 만들어졌지만, 한글 지원도 잘 되기 때문에 한글 트위터를 사용하기에도 문제는 없습니다.

▲ 트윗덱

(3) 구글 크롬 플러그인

구글에서 크롬이라는 웹브라우저용으로 만든 트위터 플러그인으로 웹브라우저를 실행한 상태에서 트위터 아이콘을 누르면 새로운 글이 올라온 것을 확인할 수 있으며, 또한 글을 직접 올릴 수도 있는 편리한 플러그인입니다.

▲ 구글 크롬 플러그인

twitter

02

립트윗(Liptwit)

LipTwit(립트윗)은 국내에서 제작된 트위터 클라이언트 프로그램으로 한글 지원이 완벽하고, 메뉴나 알림 등에서도 친숙한 한글 메시지로 트위터를 활용하는데, 아주 쉽고 편리하게 이용할 수 있습니다.

또한, 글쓰기 내에서 해시태그 간단삽입이나 각 해시태그/검색어별 새 글수 표시 등의 기능을 지원하고 있기 때문에 더욱 편리합니다.

립트윗을 사용하려면 일단 홈페이지에서 클라이언트 프로그램을 다운로드 받아야 합니다.

> http://liptwit.com

01 웹브라우저를 실행한 후 다음 홈페이지 주소를 입력한 후 립트윗 홈페이지로 이동합니다.

02 [Download] 버튼을 눌러 클라이언트 프로그램을 다운로드 받습니다.

03 다운로드 받은 파일을 실행하여, 프로그램 설치를 시작한 후 [다음] 버튼을 클릭합니다.

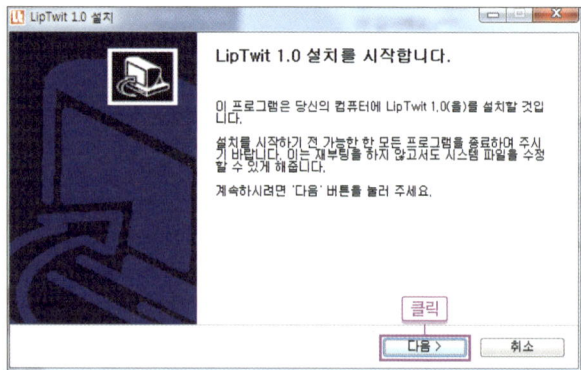

04 프로그램을 설치할 폴더를 지정합니다. 기본값을 그대로 두고 [설치] 버튼을 누릅니다.

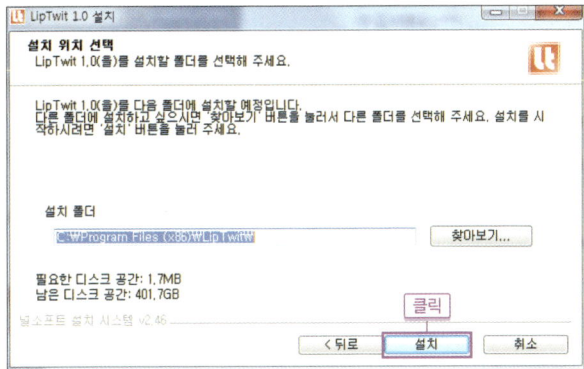

05 LipTwit 프로그램이 설치되었다는 창이 표시되면, [마침] 버튼을 클릭하여 프로그램 설치를 마칩니다.

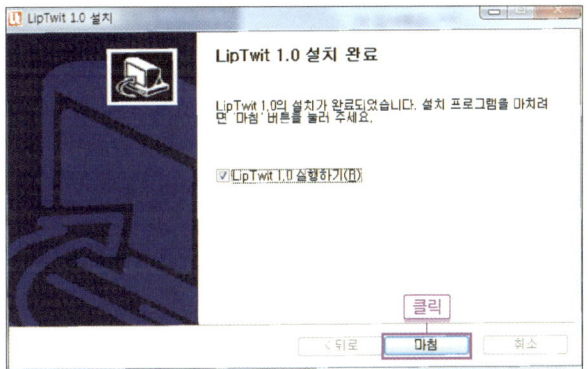

06 립트윗 프로그램을 실행한 후 트위터 아이디나 이메일, 비밀번호를 입력하고 [로그인] 버튼을 누릅니다. 자동로그인을 체크하면, 다음부터는 아이디와 비밀번호를 묻지 않고 바로 접속됩니다.

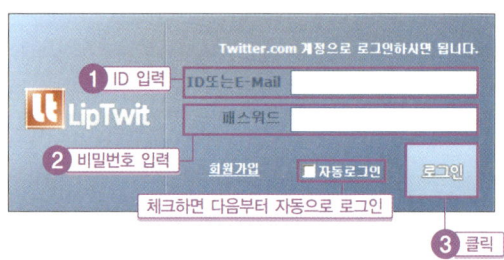

07 립트윗이 실행되면서 몇 가지 창이 나타나는데 그중 이동바에 대해서 먼저 알아보겠습니다. 보통 이동바는 화면 상단 구석에 옮겨 놓은 후 사용하면 편리합니다.

① 메뉴보기 : 립트윗의 메뉴 목록을 보여줍니다.

② 새글쓰기 : 새로운 트윗을 작성합니다.

08 메뉴 보기 버튼을 누르면 나타나는 창을 이용해서 립트윗을 활용할 수 있습니다. 다음 그림과 같이 메뉴창에서 [전체글] 메뉴를 클릭합니다.

09 [전체글] 창이 표시되는데, 트위터의 내 타임라인에 올라오고 있는 모든 글이 표시됩니다.

10 립트윗의 환경을 설정하기 위해서 메뉴창에서 다음 그림과 같이 [환경설정] 버튼을 클릭하면 [환경설정] 창이 표시됩니다.

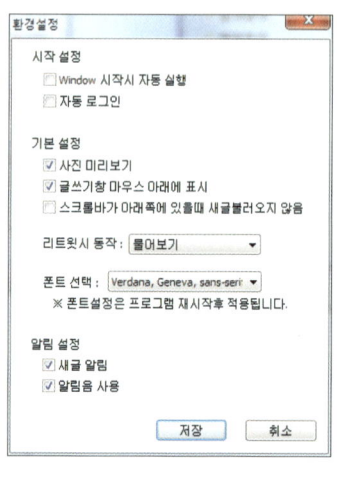

11 [환경설정] 창에서 '리트윗시 동작'을 '물어보기'로 체크합니다. 립트윗을 이용하여 리트윗을 할 때 내용을 첨부할 것인지, 기본값 그대로 리트윗을 할 것인지 설정합니다.

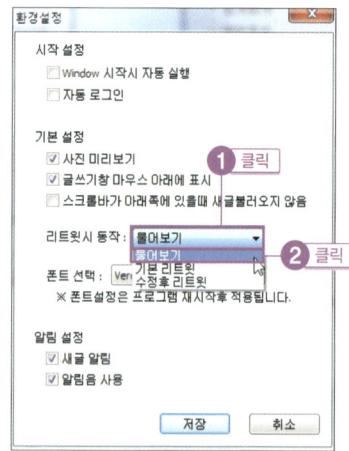

12 립트윗으로 보여주는 전체 글꼴을 자신
이 원하는 것으로 선택할 수 있습니다.

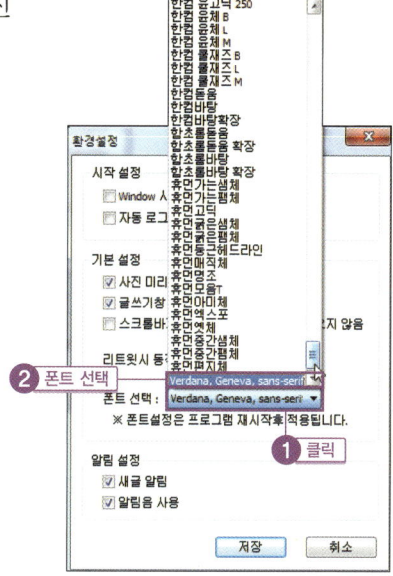

13 이번에는 [친구찾기] 기능을 이용해서
친구를 찾아보겠습니다.

14 [친구찾기] 창이 표시되면 원하는 친구 이름이나 아이디를 입력한 후 [검색] 버튼을 누릅니다.

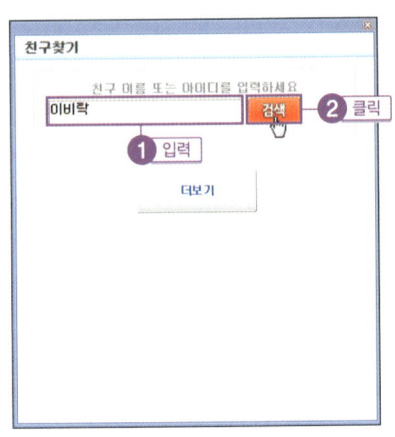

15 검색결과가 표시되면, 바로 [친구추가] 버튼을 눌러 친구로 추가할 수 있는데, 팔로우(follow)하는 것을 립 트윗에서는 친구추가라고 합니다.

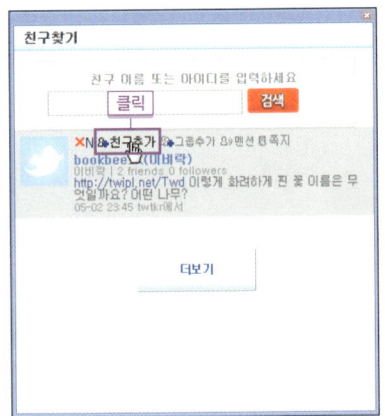

16 친구 추가로 된 상태에서는 메뉴가 [친구 삭제]로 바뀌는 것을 볼 수 있는데, unfollow를 한다는 뜻입니다.

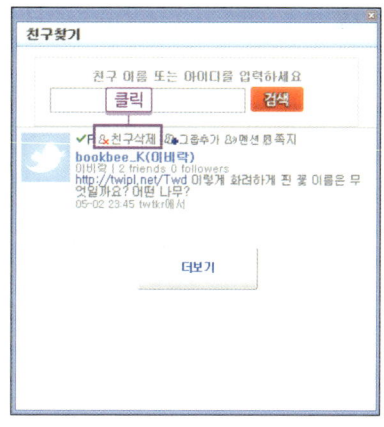

17 친구로 추가(follow)하게 되면, 전체글 창에 추가한 친구의 글이 보이는 것을 확인할 수 있습니다. 즉, 팔로우한 사용자의 글이 타임라인에 보이는 것과 같은 것입니다.

18 글 아래에 있는 버튼을 이용하여 댓글(@), RT(전달하기) 등의 글을 남길 수 있습니다.

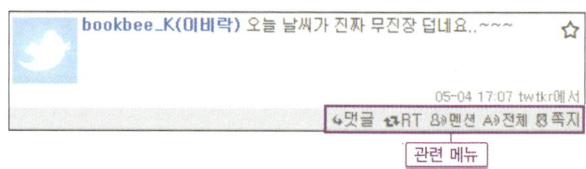

19 이번에는 트위터에 글을 남기기 위해서 립트윗 이동바에 있는 새글쓰기  버튼을 누릅니다.

20 [그림추가] 버튼을 누르면 미리 준비해둔 사진을 트위터에 올릴 수 있습니다. 트위터에 올릴 사진이 있는 폴더를 선택한 후 원하는 사진을 클릭하고 [열기] 버튼을 누릅니다.

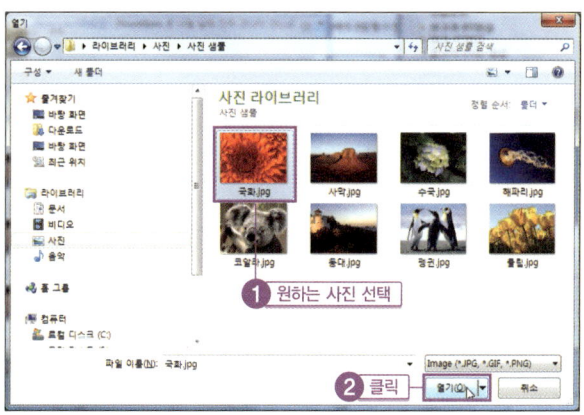

21 선택한 사진이 업로드되고, 사진이 있는 URL 주소가 표시됩니다.

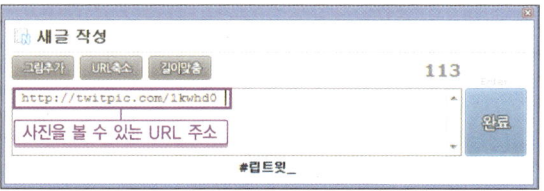

22 사진의 URL 주소 뒤로 트위터에 남기고 싶은 글을 입력하고, [완료] 버튼을 클릭합니다.

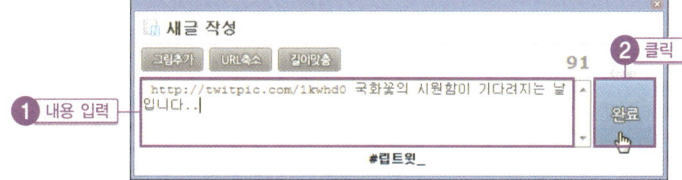

23 [전체글] 창에 보면 새로 올린 글과 사진이 표시되는 것을 확인할 수 있습니다. 이처럼 리트윗 프로그램을 이용해서 쉽고 편하게 트위터를 활용할 수 있습니다.

타임라인에 올라온 새글

24 관심 있는 글이나 필요한 정보의 글을 즐겨찾기로 등록할 수 있습니다. 다음 그림처럼 글 옆에 있는 별 표시를 클릭하면 노란색 별로 체크가 됩니다.

관심있는 글 클릭하여 체크

체크하면 색이 바뀝니다.

25 즐겨찾기로 체크된 글은 립트윗 메뉴에서 [즐겨찾기]를 클릭하면 [즐겨찾기] 창이 표시되어 언제든지 관심 글을 확인할 수 있습니다.

twitter

03

트윗덱(tweetdeck)

이번에는 트윗덱이라는 클라이언트 프로그램에 대해서 알아보도록 하겠습니다. 트윗덱은 외국에서 만들어졌지만, 한글 지원도 잘 되기 때문에 깔끔한 분위기로 트위터를 즐길 수 있습니다.

01 먼저 트윗덱 프로그램을 다운로드 받기 위해서 다음 주소로 이동합니다.

http://www.tweetdeck.com/desktop/

02 [Desktop] 메뉴를 눌러 이동한 페이지에서 클라이언트 프로그램을 다운로드 받은 후 프로그램을 설치합니다. [설치] 버튼을 누릅니다.

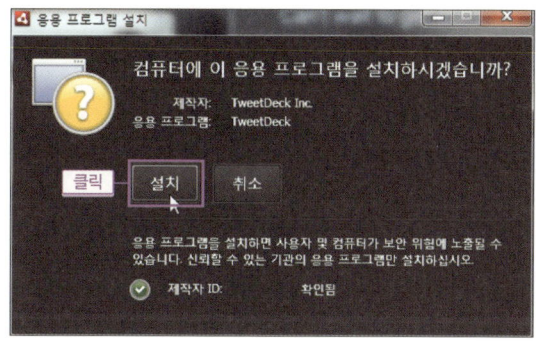

03 트윗덱이 설치될 폴더를 선택하고, [계속] 버튼을 누릅니다. 폴더는 기본값을 그대로 두고 진행합니다.

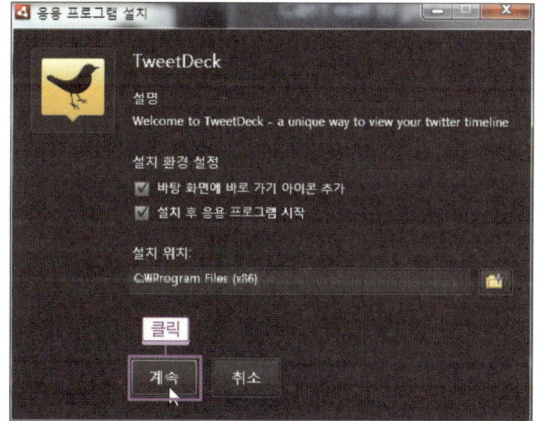

04 프로그램 설치를 완료하고 나면 트윗덱을 실행합니다.

05 처음 실행하기 때문에 [Add a Twitter account]를 클릭합니다.

06 트위터 이름(아이디)과 비밀번호를 입력한 후 [Submit] 버튼을 클릭합니다.

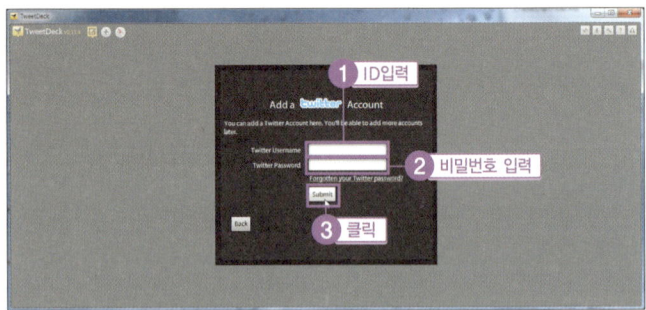

07 다음 화면은 트윗덱이 처음 실행된 화면입니다. 트윗덱이 처음 실행되었을 때에는 한글을 볼 수 있는 상태가 아니기 때문에, 한글을 볼 수 있도록 설정 해 주어야 합니다.

다음 그림과 같이 [setting] 버튼을 클릭합니다.

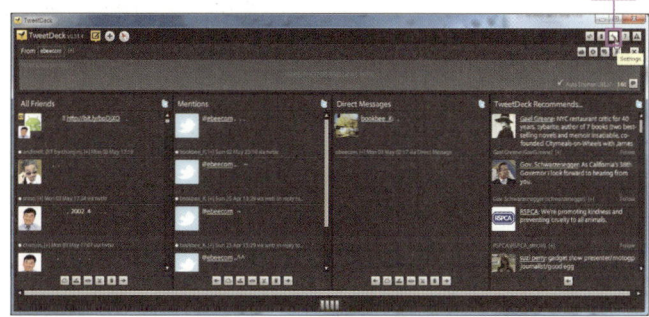

08 트윗덱 셋팅 창이 표시되면 [Colors/Font] 항목을 클릭한 후 [International Font/TwitterKey] 옵션을 체크하고 셋팅값을 [Save settings] 버튼을 클릭 합니다.

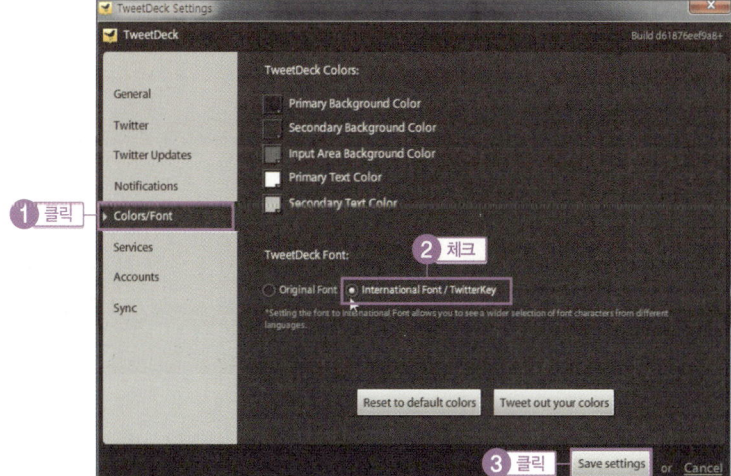

09 다음 화면은 한글이 제대로 구현되고 있는 트윗덱입니다. 다음 그림과 같이 [Compose Update] 버튼을 누르면 새 글을 올릴 수 있는 영역이 표시되거나, 보이지 않습니다.

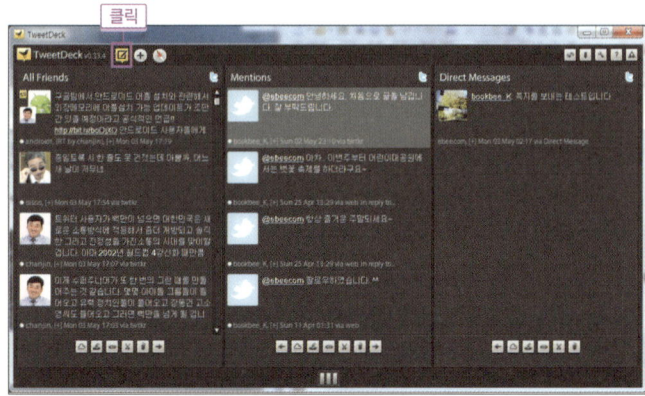

10 새글을 올릴 수 있는 영역에 글을 140자 이내로 입력한 후 [Enter]를 누르거나, [update] 버튼을 클릭합니다.

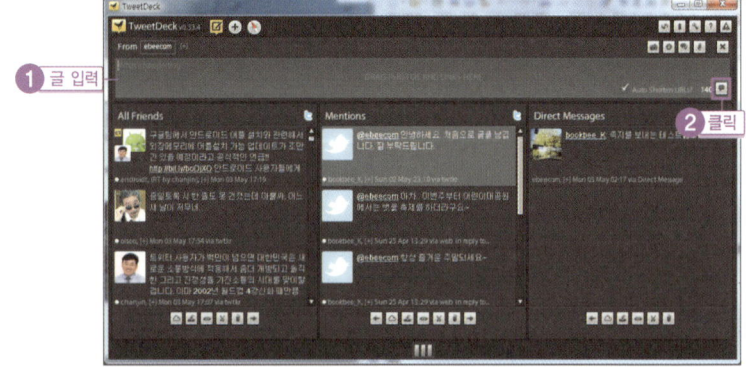

11 글을 쓴 후 사진을 올리려면 [Upload photo] 버튼을 누릅니다. 글 쓰는 영역 아래에 체크되어 있는 [Auto Shorten URLs?]는 길게 입력된 URL 주소를 짧게 해줄 때 체크합니다.

12 탐색기에서 원하는 사진 파일을 선택한 후 [열기] 버튼을 클릭합니다.

13 다음 그림과 같이 사진이 첨부됩니다. 트위터에 남기고 싶은 글을 입력한 후 [Enter]를 누릅니다.

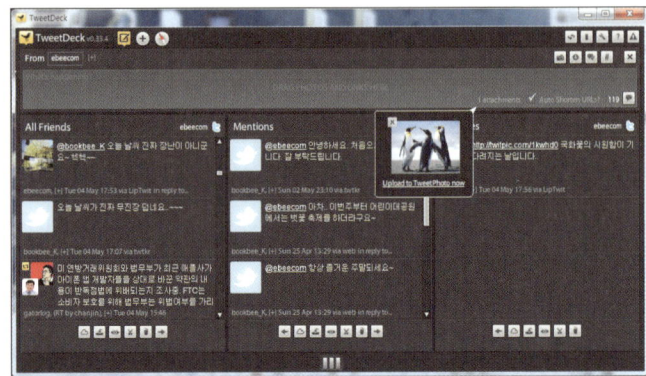

14 [Enter]를 누르면 선택한 사진과 글이 타임라인에 올라갑니다.

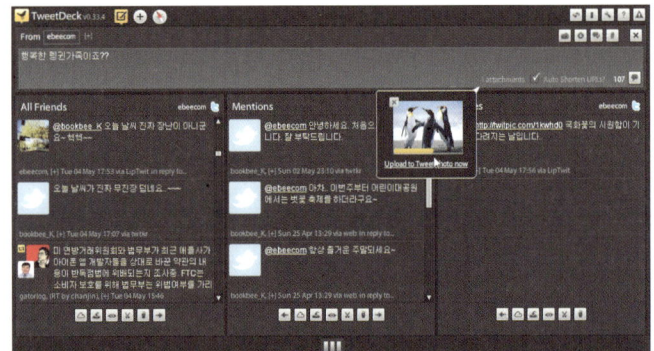

15 이번에는 Reply나 Retweet을 하기 위해서 글을 보내고자 하는 상대방의 프로필 사진 위로 마우스를 올려놓습니다.

16 프로필 사진이 다음 그림과 같이 4개의 버튼이 표시됩니다. 각 버튼의 기능을 알아보겠습니다.

❶ Reply : '@사용자 아이디'가 글 입력창에 자동으로 표시되면서 답글을 달 수 있습니다.

❷ Direct Message : 다이렉트 메시지를 보냅니다.

마우스를 프로필 사진 위로 올리면 4개의 버튼이 표시됩니다.

❸ Retweet : 리트윗을 보냅니다. 이때 Retweet now를 선택하면 바로 RT가 되고, Edit then Retweet를 선택하면 글의 내용을 수정하거나 첨부한 후에 RT를 할 수 있습니다.

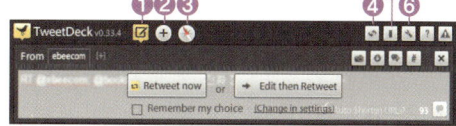

❹ Other actions : 그 외의 다양한 기능을 활용할 수 있습니다.

17 트윗덱 메인 화면의 자주 사용하는 버튼들에 대해서 알아보겠습니다.

❶ 글 쓰기(Compose Update) : 트위터에서 글쓰기 창과 같습니다. 버튼을 클릭하면 글쓰기 창이 나타나거나 보이지 않게 합니다.

❷ 컬럼 추가하기(Add Column) : 트윗덱의 컬럼을 추가하거나 보이지 않게 설정할 수 있습니다.

❸ 사용자 찾기(Quick Profile) : 사용자 아이디를 입력하여 원하는 사용자를 찾을 수 있습니다.

❹ 새로 고침(Refresh) : 트윗덱의 다시 읽어 새로 올라온 글을 보여줍니다.

❺ 한 컬럼만 보기(Single Column view) : 트윗덱 메인 창에 하나의 컬럼만 보여줍니다.

❻ 환경설정(Settings) : 트윗덱과 관련된 환경설정을 합니다.

twitter

04

구글 크롬 플러그인
(Metrist)

웹브라우저인 구글 크롬을 사용하는 사용자가 트위터를 이용할 경우 별도의 클라이언트 프로그램을 설치할 필요 없이 트위터 플러그인을 설치하면 웹브라우저를 이용해서 간단하게 타임라인에 올라온 새로운 글을 보거나 작성할 수 있습니다.

01 먼저 플러그인을 다운로드 받기 위해서 웹브라우저에서 다음 주소로 이동합니다.

http://www.chromeextensions.org/social-communications/metrist/

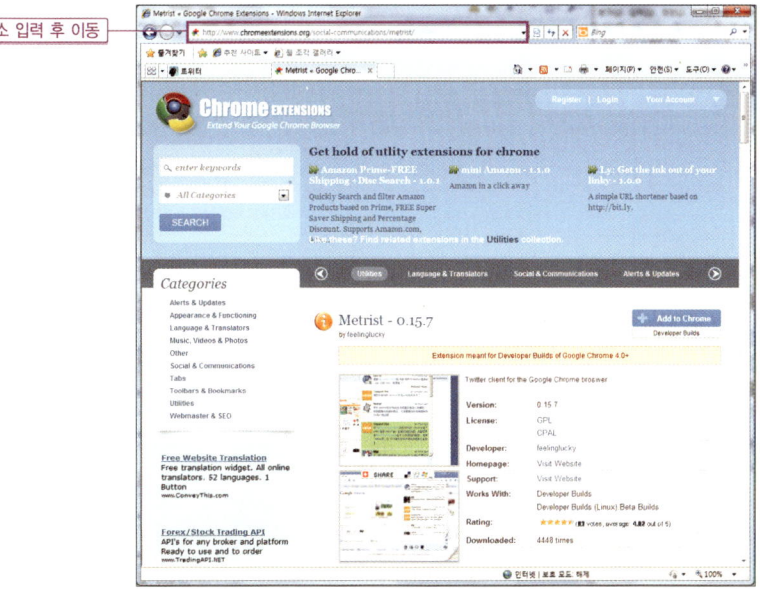

주소 입력 후 이동

02 크롬 버전 4.0 이상에서 사용이 가능합니다. [Add to Chrome]을 클릭하면
플러그인을 설치합니다. 플러그인을 설치하면 다음 화면과 같이 플러그인
아이콘이 표시됩니다.

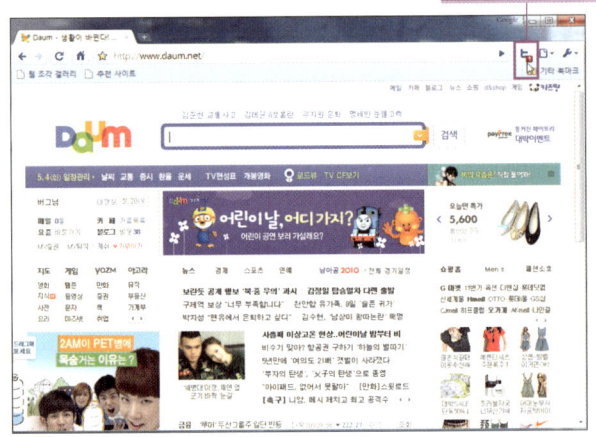

03 플러그인 아이콘을 클릭하면 트위터 타임라인에 올라온 글이 표시됩니다.

04 다른 클라이언트 프로그램과 마찬가지로 리트윗(RT)이나, 댓글(@)을 달고
자 하는 글 위로 마우스를 가져다대면 아이콘이 나타나는데, 원하는 기능을
클릭하면 됩니다.

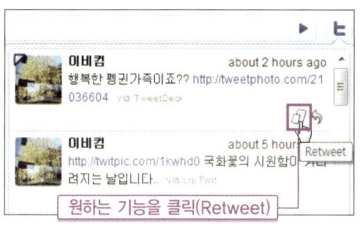

원하는 기능을 클릭(Retweet)

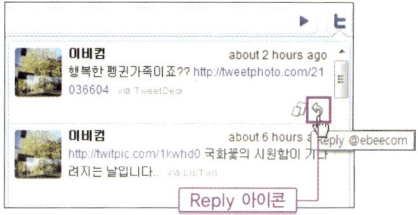

Reply 아이콘

05 새로운 글을 올리기 위해서 다음 그림과 같이 글을 작성한 후 연필 모양의
[Send] 아이콘을 클릭합니다.

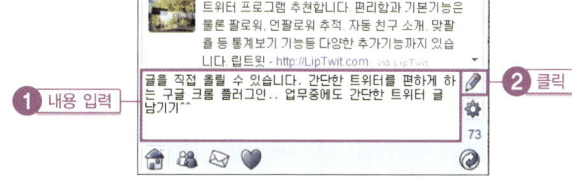

① 내용 입력   ② 클릭

06 타임라인에 새로 작성한 글이 올라간 것을 확인할 수 있습니다.

새롭게 올라간 글

제 4 장

재미있게 즐기는
트위터

트위터를 통해서 단순히 대화만 하고 정보만 공유하는 것 외에도 트위터 최대의 장점인 오픈 API를 이용해서 트위터와 연동한 다양한 웹사이트들을 만날 수 있습니다. 여기에서 소개한 사이트 외에도 엄청나게 많고 또한 앞으로도 더욱 늘어날 것입니다. 트위터와 연동한 웹사이트들을 직접 방문해보고 좀 더 다양한 재미를 느껴보시기 바랍니다.

twitter

01

트위터에서 투표나 설문 조사하기

트위터를 이용하는 수많은 사람들에게 각종 투표를 실시해보거나 다양한 설문 조사를 하여 시장 조사 및 이벤트 등 자료 수집과 기업 마케팅에 참고할 수 있습니다. 트위터를 이용해서 각종 여론 등을 조사하는 방법에 대해서 알아보겠습니다.

01 웹브라우저를 열고 http://twtkr.com에 접속하고, 로그인한 후 [투표] 메뉴를 클릭합니다.

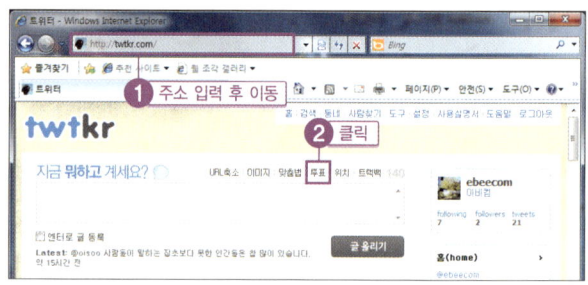

02 투표와 관련된 항목을 다음 그림과 같이 작성합니다. 작성을 마치면 [생성하기] 버튼을 눌러 twtkr 투표를 생성합니다.

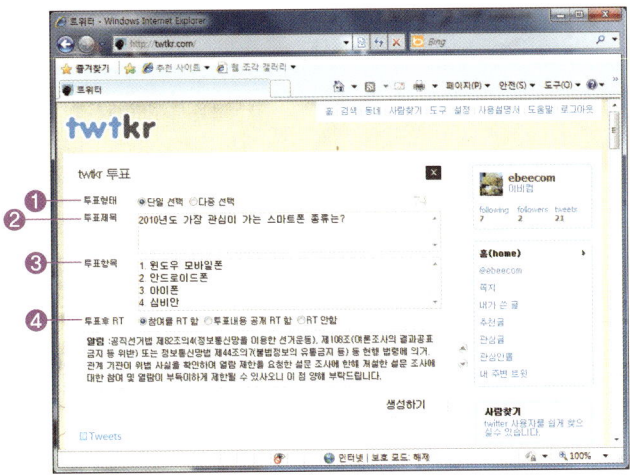

❶ 투표 형태 : 제시한 투표 항목을 하나만 선택할 것인지 중복 선택할 것인지 지정합니다.

❷ 투표 제목 : 투표할 제목을 입력합니다.

❸ 표 항목 : 투표할 항목을 작성합니다. 항목을 작성할 때에는 번호를 입력하는 것이 보기에 좋습니다.

❹ 투표 후 RT : 투표 후 투표 참여를 했다는 글을 등록할 것인지 여부를 지정합니다.

03 [생성하기] 버튼을 누르면 타임라인에 글이 생성되며, 표시된 [URL]을 누르면 투표 페이지로 이동합니다.

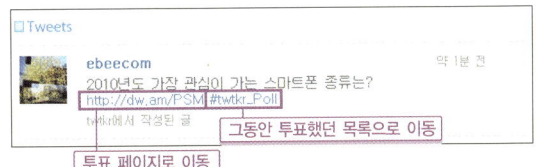

04 투표할 페이지로 이동한 모습입니다.

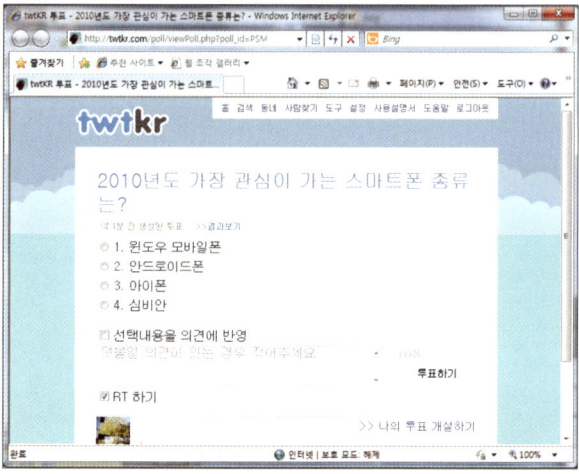

05 원하는 항목을 선택한 후 덧붙일 의견을 추가하여 [투표하기] 버튼을 클릭하면 결과를 전송합니다.

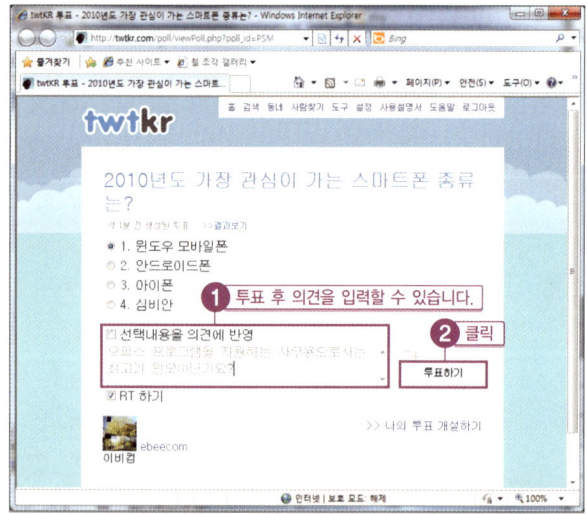

06 투표가 끝나면 바로 결과를 확인할 수 있습니다. 이와 같은 방법으로 자신에게 필요한 자료나 시장 조사를 온라인을 통해서 할 수 있습니다.

twitter

02

트위터의 인맥을 지도로 보기

멘션맵 사이트를 이용하면 자신의 트위터 인맥을 지도 형식으로 직접 확인할 수 있는데, 현재 자신과 가장 소통이 잘 이루어지는 사용자를 중심으로 그려집니다. 트위터에 올린 자신의 글에 대한 답글이나 리트윗 등의 상황에 맞게 분석하여 보여주기 때문에 자신과 많은 소통을 하고 있는 사용자를 쉽게 확인할 수 있습니다.

01 웹브라우저에서 http://apps.asterisq.com/mentionmap을 입력하여 이동합니다.

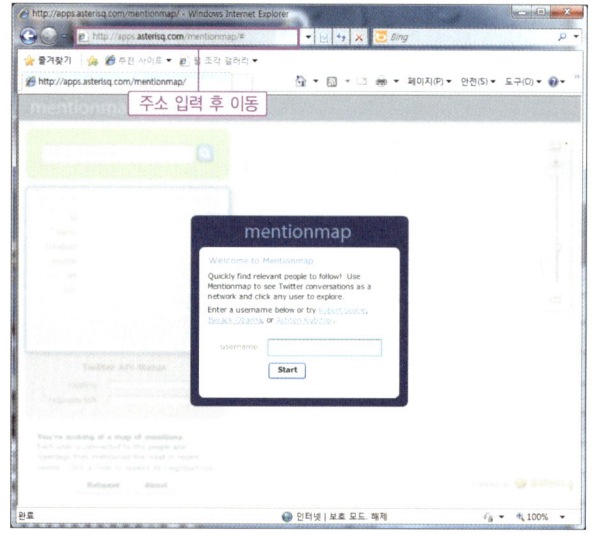

02 사용자의 아이디를 입력하고 [Start] 버튼을 클릭합니다.

03 자신과 글을 주고받으며, 소통한 관계를 다음 그림과 같이 마인드맵 형식으로 보여주기 때문에 자신의 글에 호응하고 소통해주는 트위터 인맥을 한눈에 알아볼 수 있습니다.

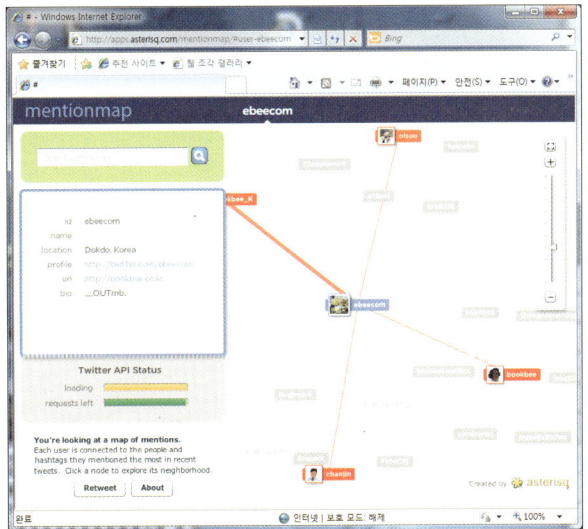

04 [Retweet] 버튼을 누르면 자신의 타임라인에 다른 사용자가 맵을 확인할 수 있도록 올릴 수 있습니다.

Retweet

05 [Retweet] 버튼을 누르면 다음 화면과 같이 소개글과 URL을 보여줍니다. 여기에 자신이 원하는 내용을 추가하거나 보충하여 [Tweet] 버튼을 누르면 자신의 타임라인에 글이 올라가는 것을 확인할 수 있습니다.

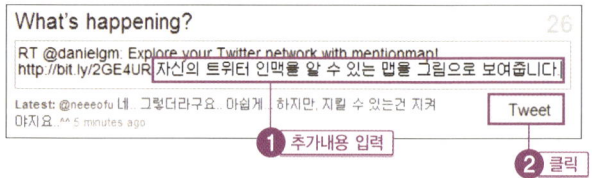

03

한국 트위터 사용자에게
자기 소개하기

트위터를 가입한 후에 무엇을 해야 할지 참으로 막막합니다. 팔로우한 사용자도 없고, 팔로우 할 지인도 없는 상태에서 글을 남겨도 봐주는 사용자도 없으니 말입니다.

이런 문제점을 해결하고자 한국 트위터 사용자들을 위해서 만들어진 자신을 소개할 수 있는 곳이 있습니다.

자신을 팔로우(follow)하는 숫자가 많지 않은 분이라면 '한국 트위터 사용자 소개' 사이트에서 자기 소개를 올리기 바랍니다.

01 먼저 자신의 트위터에 로그인 한 후 다음과 같이 내용을 입력합니다. twitter.com이나 twtkr.com에 접속한 후 글을 올려도 됩니다.

What's happening?	75
#self_intro 안녕하세요, 도서출판 이비컴입니다. 보다 쉽고, 보다 즐거운 책을 만들기 위해서 노력하겠습니다.	
	Tweet

▲ twitter.com에 접속하여 자기 소개 올리기

무슨 일이 **일어나고 있나요?**	URL축소 이미지 맞춤법 투표 위치 트랙백 75
#self intro 안녕하세요. 도서출판 이비컴입니다. 보다 쉽고, 보다 즐거운 책을 만들기 위해서 노력하겠습니다.	
☐ 엔터로 글 등록	글 올리기

▲ twtkr.com에 접속하여 자기 소개 올리기

02 등록된 내용은 1~2분 안에 '한국 트위터 사용자 자기 소개' 사이트에 업데
이트 됩니다. 만일 등록한 내용을 수정하려면 조금 전과 같은 방법으로 자기
소개를 다시 올려주면 됩니다.

03 웹브라우저를 실행한 후 http://selfintro.xguru.net 주소를 입력하면 등록
된 자신의 소개를 확인할 수 있습니다.

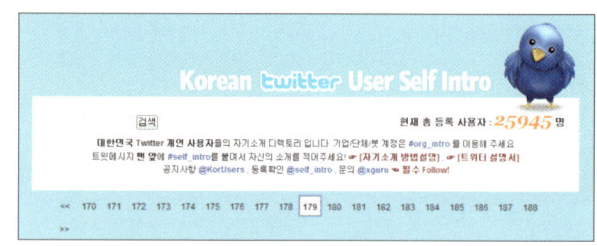

twitter

04

트위터에서 활용하는
인터넷 신문

트위터를 이용해서 빠르게 신문의 헤드라인을 보고, 그날의 주요 기사가 무엇인지 알아볼 수 있습니다. 여기에서는 인터넷 신문을 자주 보는 트위터 리스트로 만들어서 간단하게 확인할 수 있는 방법에 대해서 알아보겠습니다.

01 먼저 오마이뉴스의 한글 트위터(twtkr.com/ohmynews_korea)에 접속합니다. 이때에는 당연히 트위터에 로그인 된 상태이어야 합니다.

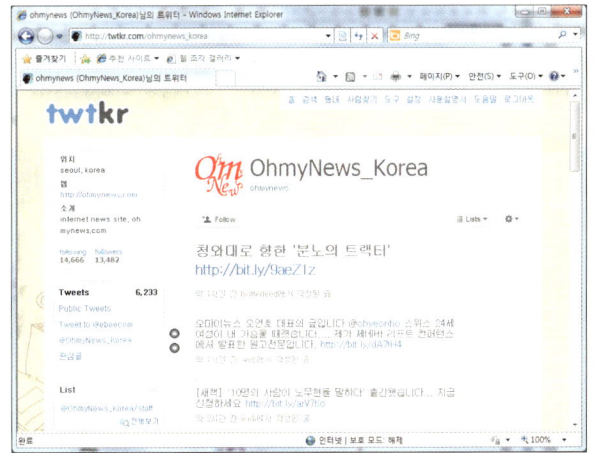

02 [Follow] 버튼을 누릅니다.

03 뉴스 리스트를 만들기 위해서 [Lists]를 누르면 현재 만들어져 있는 리스트 목록이 표시됩니다. 리스트를 새롭게 추가하기 위해서 twitter.com으로 접속합니다.

04 웹브라우저를 실행한 후 twitter.com/ohmynews_korea에 접속합니다. 한 글 트위터에서 팔로우를 한 상태이기 때문에 following라고 표시된 것을 확 인할 수 있습니다.

05 [Lists] 버튼을 누르면 나타나는 [New list] 메뉴를 클릭합니다.

06 [Create a new list] 창이 표시되면, List name에 리스트 이름을 입력하고, Description에는 리스트에 관련된 소개를 입력합니다. 리스트 제목과 같이 하는게 편합니다. [Create list] 버튼을 누르면 리스트가 만들어집니다.

07 오른쪽에 보면 news라는 리스트가 만들어진 것을 확인할 수 있습니다.

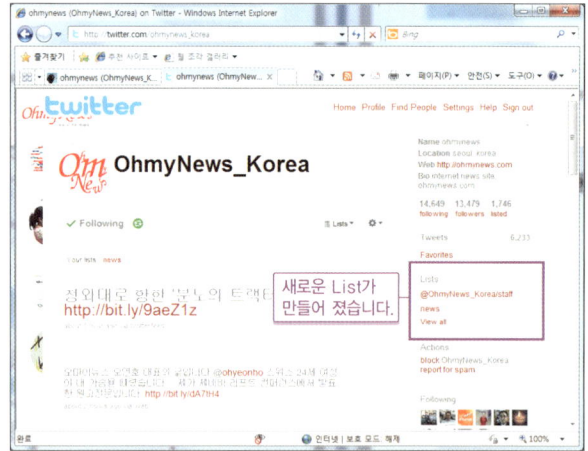

08 오마이뉴스의 한글 트위터(twtkr.com/ohmynews_korea)에 접속해서 [lists] 버튼을 눌러 확인해 보면 news에 체크되어 있는 것을 확인할 수 있습니다.

09 이렇게 news라는 리스트가 만들어지면, 여기에 새로운 트위터 주소를 추가할 수 있는데, twtkr.com/mediadaum으로 이동합니다.

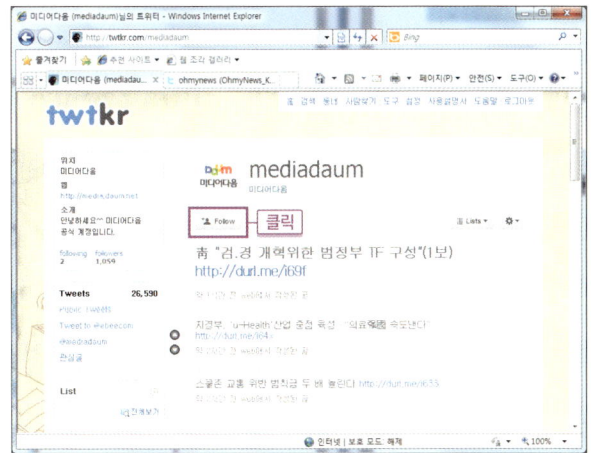

10 이동한 미디어 다음 트위터를 팔로우하고 [Lists] 버튼을 누르면 나타나는 메뉴에서 [news] 항목을 체크합니다.

11 오른쪽 아래에 있는 리스트들 중에서 news를 클릭해 보겠습니다.

12 news에 등록되어 있는 트위터 글 목록이 표시되는 것을 볼 수 있습니다. 이와 같은 방법으로 자신이 좋아하는 인터넷 신문이나 기사를 트위터의 list에 추가해서 언제든지 확인할 수 있습니다.

13 twitter.com에서도 마찬가지로 news 목록을 선택하면 등록되어 있는 트위터의 글을 확인할 수 있습니다.

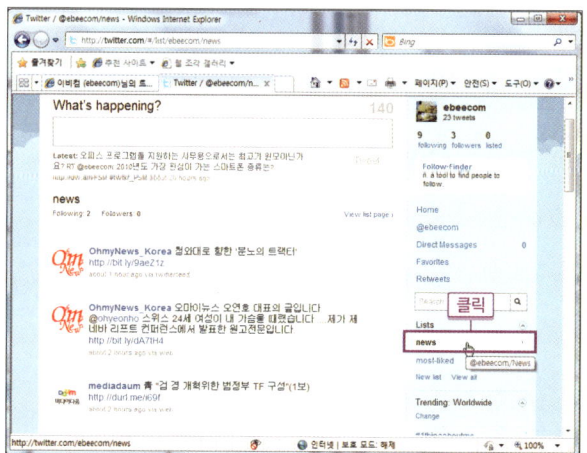

twitter

05

트위터에서 작성한 글을
페이스북과 연동하기

트위터와 페이스북 두 곳을 동시에 관리하기 불편할 때 트
위터와 페이스북의 연동기능을 이용하면 트위터에 글을 올
리는 것만으로 페이스북에 글이 자동으로 연동되어 올라가
기 때문에 편리하게 두 군데를 관리할 수 있습니다.

01 페이스북에 화면에서 검색어 입력창에 twitter를 입력하면 어플리케이션 목
록이 표시되는데, Twitter 어플리케이션을 선택합니다.

02 트위터 어플 페이지가 표시되는 [어플리케이션으로 가기] 버튼을 누릅니다.

03 허가 요청 창이 표시되면, [허가하기] 버튼을 클릭합니다.

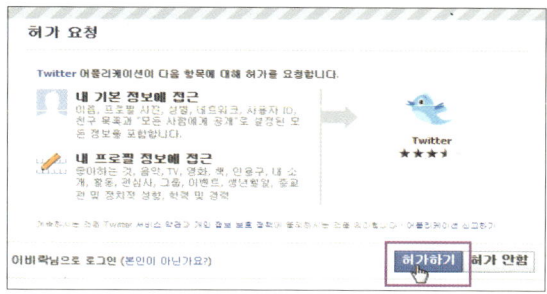

04 트위터 아이디와 비밀번호를 입력한 후 [Allow] 버튼을 누릅니다.

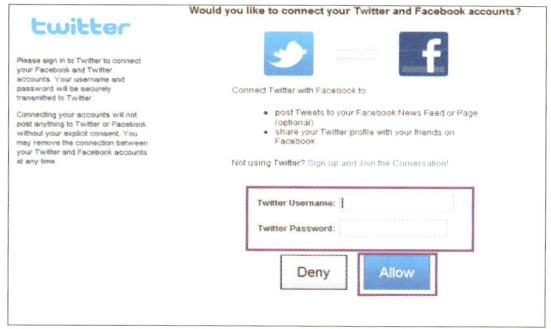

05 트위터와 페이스북을 연동할 것인지 묻는데 [Allow] 버튼을 누릅니다.

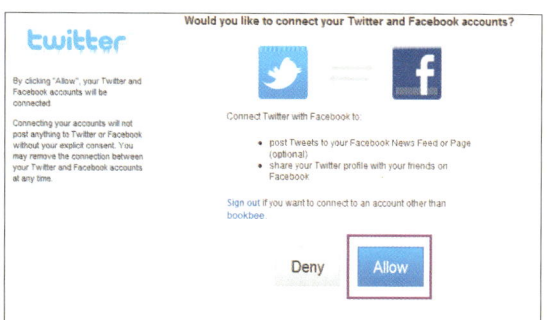

06 [Facebook Profile] 항목을 체크합니다.

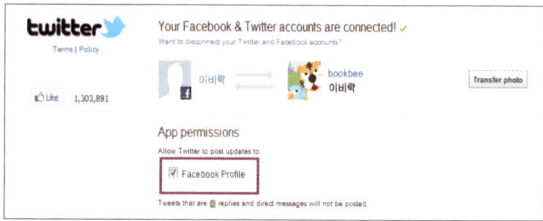

07 트위터에 글을 쓸 경우 페이스북의 담벼락에 글을 연동할 것인지 묻는 창이 표시되면 [Allow] 버튼을 눌러 승낙합니다.

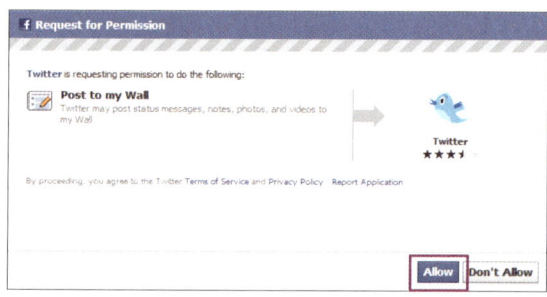

08 페이스북에서 트위터와 연동된 어플리케이션을 확인하려면 우선 [계정-개인정보설정] 메뉴를 선택하고, 화면 아래에 위치한 [어플리케이션 및 웹사이트 – 설정 관리]를 클릭합니다.

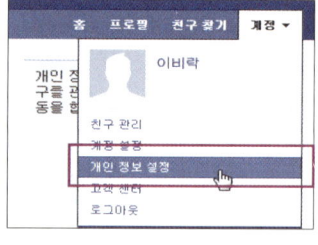

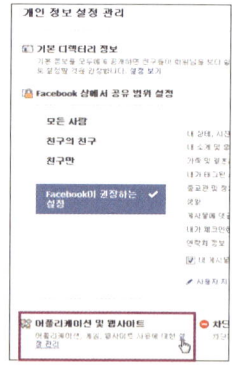

09 [설정관리] 버튼을 클릭하면 사용 중인 어플리케이션 목록이 표시되는데, 아래의 [설정관리] 메뉴를 누릅니다.

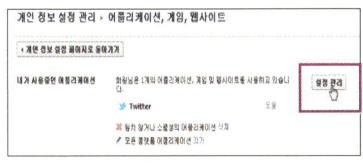 

10 트위터에서 작성한 글을 페이스북의 담벼락에 게시한다는 내용을 볼 수 있는데, 트위터와 페이스북의 연동을 해제하려면 [제거] 메뉴를 누르면 됩니다.

11 이번에는 트위터로 이동해서 글을 업로드 해보겠습니다. 페이스북에도 같은 내용이 연동되어 자동으로 등록된 것을 확인할 수 있습니다.

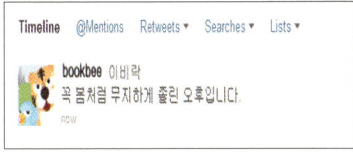 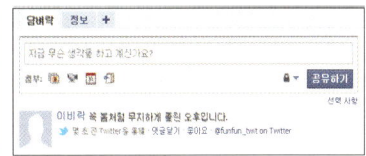

twitter

06

내 트위터의 가치는
얼마일까?

트위터를 열심히 하면서 많은 인맥을 형성하고 있는 사람들의 트위터 가치는 어느 정도일까 궁금한 적이 있을텐데요. 그 궁금증을 해결해줄 수 있는 사이트가 있습니다.

01 웹브라우저를 실행한 후에 트위터얌(http://tweetyam.com) 사이트 주소를 입력하여 이동합니다.

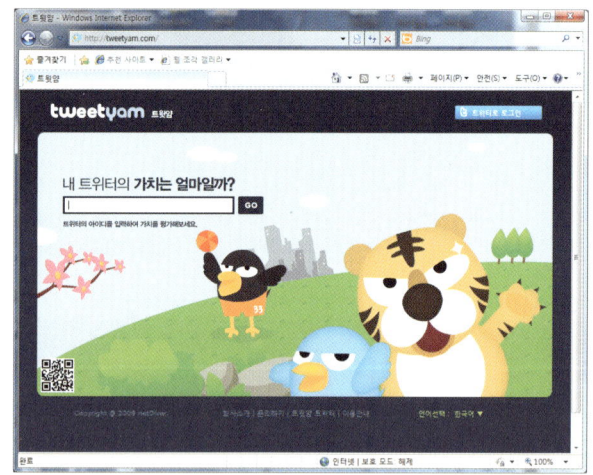

02 트위터 아이디 입력창에 가치를 알고 싶은 트위터 아이디를 입력한 후 [GO] 버튼을 클릭합니다. 트위터 가치를 평가하기 시작합니다. 이와 같은 방법으로 자신의 트위터 아이디의 가치도 알아볼 수 있습니다.

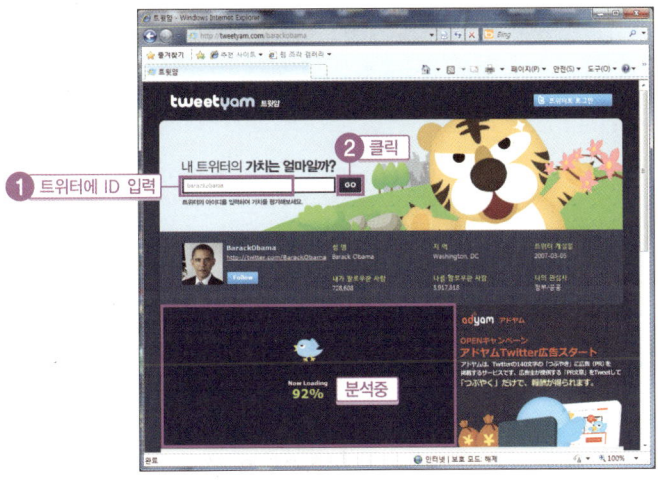

03 버락 오바마 대통령의 트위터 가치가 무려 35억3천4백여만원이네요. 그렇다면 자신의 트위터 가치는 얼마나 될까?

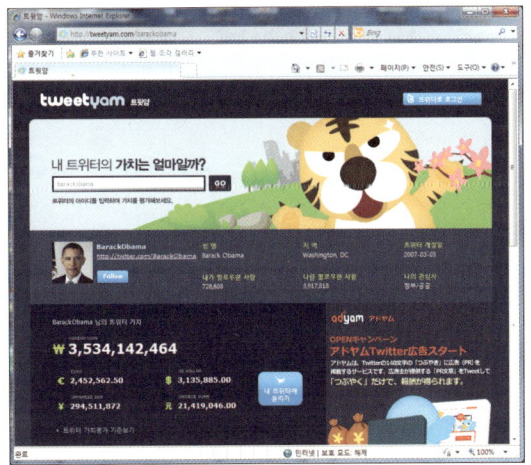

tip _ 트위터얌(http://tweetyam.com/)에서 QR 코드를 알아보자

트위터얌에 접속하면 왼쪽 하단에 작은 사각 바코드를 볼 수 있는데 이를 QR 코드라고 한다. QR 코드는 텍스트 정보까지 저장되어 때문에 바코드 형태보다 훨씬 많은 정보를 담으며, 명함에 QR 코드를 인쇄한 것들도 종종 볼 수 있다. 이는 스마트폰 사용자가 늘어 나면서 명함의 QR 코드를 스캔하면 정보를 손쉽게 스마트폰에 저장할 수 있기 때문이다.

1. 트위터얌 왼쪽 하단의 QR 코드를 스마트폰에 있는 QR 코드 스캐너로 스캔합니다. QR 코드에 저장된 정보를 스마트폰이 읽어들이는데, [Option] 버튼을 누르면 스캔 한 정보를 활용할 수 있는 메뉴가 표시됩니다.

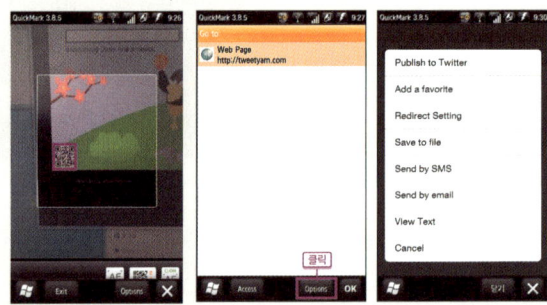

2. 다음 사이트로 이동하면 QR 코드를 직접 만들 수 있으며, 이미지 파일로도 다운로 드 받아 활용할 수 있습니다. http://www.quickmark.com.tw/En/diy/?qrLink

❶ 주소를 입력, QR 코드를 만들 수 있는 사이트로 이동합니다.

❷ QRCode DIY 메뉴를 선택한 후 원하는 항목을 선택합니다. 여기에서는 [Web Site] 메뉴를 선택해 보도록 하겠습니다.

❸ QR 코드로 만들고자 하는 웹사 이트 주소를 입력합니다.

❹ QR 코드를 생성하기 위해서 [Generate QRCode] 버튼을 누릅니다.

❺ 만들어진 QR 코드 이미지를 다운로드 받기 위해서 원하는 이미지 파일 형식을 선택하 면 자동으로 QR 코드 이미지를 다운로드 받을 수 있습니다.

제5장

스마트폰으로
즐기는 트위터
윈도우 모바일, 안드로이드폰, 아이폰

트위터가 처음에 휴대폰의 문자를 이용해서 대화를 나누려고 한 아이디어에서 출발했듯이, 지금은 스마트폰을 사용하는 사용자가 많아진 만큼 스마트폰을 이용해서 트위터를 하게되면 정보의 신속성이나 이동하면서도 상대방에게 내 소식을 전할 수 있기 때문에 상당히 유용할 것입니다. 여기에서는 주요 스마트폰에서 사용하는 트위터 전용 프로그램에 대해서 설명을 하도록 하겠습니다.

twitter

01 모트윗(moTweets)

1. 모트윗(moTweets) 다운로드 받기

모트윗(moTweets)은 스마트폰을 이용해서 트위터에 접속한 후 타임라인에 글을 올리거나 읽을 수 있으며, 웹에서 할 수 있는 트위터 대부분의 기능을 사용할 수 있는 스마트폰용 트위터 전용 클라이언트 프로그램입니다. 모트윗을 이용하면 스마트폰을 이용해서 이동 중에도 언제든지 트위터를 할 수 있습니다. 여기에서는 모트윗 클라이언트 프로그램을 다운로드 받은 후 설치하고, 접속 활용하는 방법에 대해서 알아보도록 하겠습니다.

01 웹브라우저를 다운로드 받은 후 다음 주소를 입력한 후 모트윗 프로그램을 다운로드 받기 위해서 [Try It Now] 버튼을 누릅니다.

http://www.panoramicsoft.com/mobileapps/motweets/moTweets.php

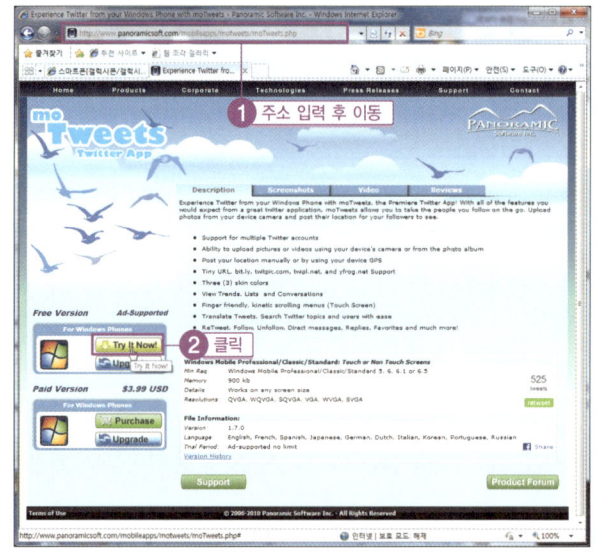

02 exe 파일은 다운로드 받은 후 PC에서 설치를 진행할 수 있으며, cab 파일은 스마트폰의 외장 메모리로 파일을 복사하여 스마트폰에서 직접 설치할 수 있는 버전입니다. 필요한 것으로 다운로드 받아 스마트폰에 설치하기 바랍니다.

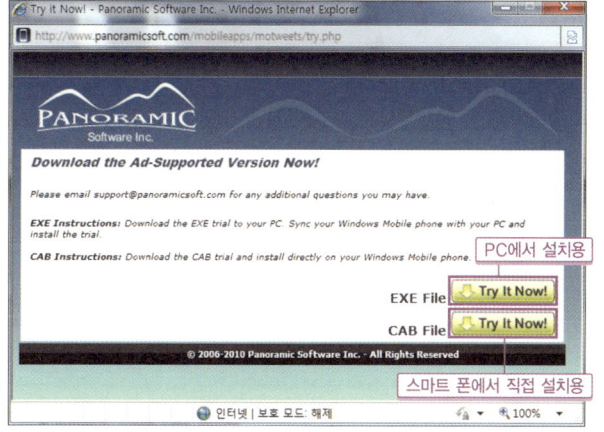

03 스마트폰이 PC와 액티브싱크로 연결된 상태에서 다운로드 받은 exe 파일을 실행합니다. 만일 cab 파일을 다운로드 받았을 경우에는 스마트폰 외장 메모리로 이동시킨 후 파일 브라우저에서 설치해야 합니다.

04 라이선스 창이 표시되면 [I accept ~]를 체크한 후 [Next] 버튼을 누릅니다.

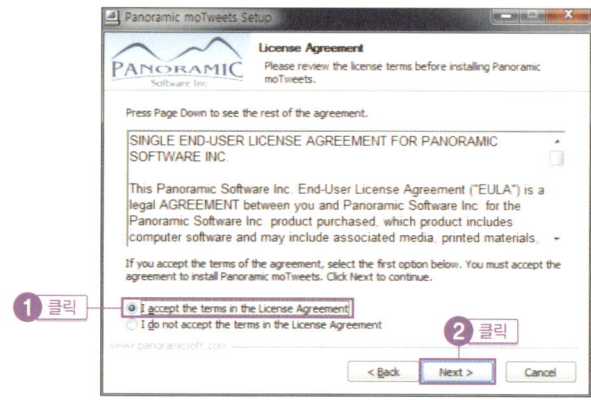

05 기본값을 그대로 둔 상태에서 [Next] 버튼을 클릭합니다.

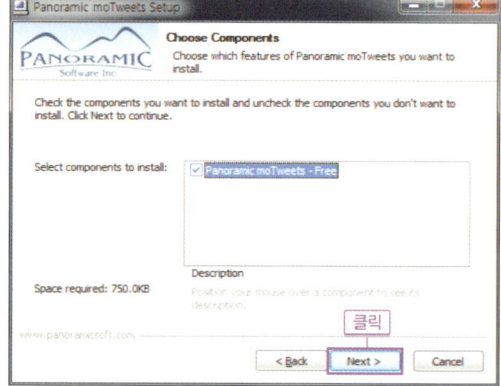

06 기본값을 그대로 둔 상태에서 [Install] 버튼을 클릭합니다.

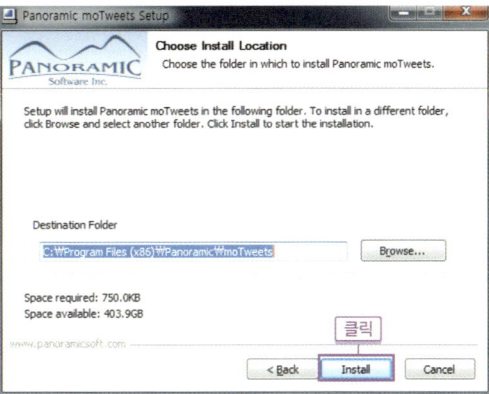

07 PC와 스마트폰이 연결된 상태라면 다음과 같은 메시지가 표시되는데 [확인] 버튼을 누릅니다.

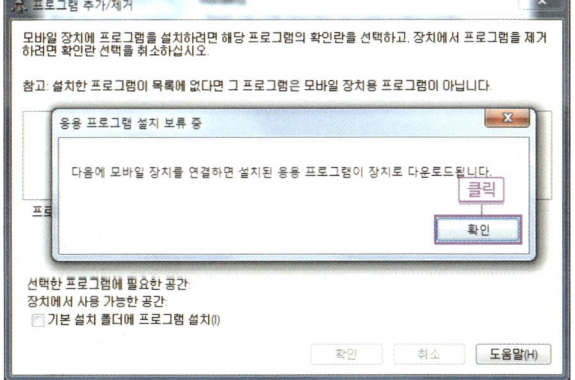

08 스마트폰을 확인하라는 메시지 창이 나타나는데, 스마트폰 화면에 모트윗을 설치할지 여부를 묻는 창이 표시된 것을 확인할 수 있습니다. PC에서는 [확인] 버튼을 누릅니다.

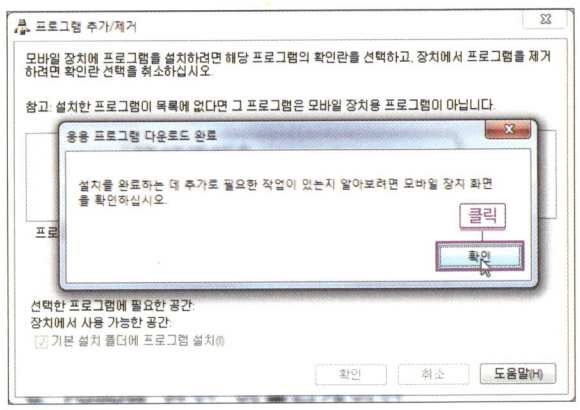

09 PC로부터 모트윗 설치를 마칩니다. [Finish] 버튼을 클릭합니다.

2. 모트윗(moTweets) 실행하기

모트윗 설치를 완료하였으면, 모트윗을 실행하고 트위터를 즐겨보도록 하겠습니다.

01 윈도우 모바일 스마트폰에서 [시작-프로그램] 메뉴를 선택한 후 다음 그림
과 같이 모트윗 아이콘을 터치하여 모트윗을 실행합니다.

02 모트윗이 실행되면서 데이터 연결(유료 결제)을 필요로 한다는 메시지가 표시됩니다. 이때 wifi나 usb로 연결된 상태에서는 데이터 요금 없이 인터넷에 접속하여 트위터를 이용할 수 있지만, 그렇지 않은 상황이라면 데이터 요금 폭탄을 맞을 수 있습니다. 개인적인 생각으로는 올인원 요금이나 인터넷을 일정량만 사용할 수 있는 요금제를 선택하면 요금 폭탄 걱정 없이 사용할 수 있을 듯 합니다.

03 로그인 창이 표시되면, 트위터에서 사용 중인 아이디와 비밀번호를 입력하고, [로그인] 버튼을 터치합니다. 비밀번호 저장은 체크해 놓으면 편리하지만, 보안을 위해서는 비밀번호 저장을 체크 해제하는 것이 좋습니다.

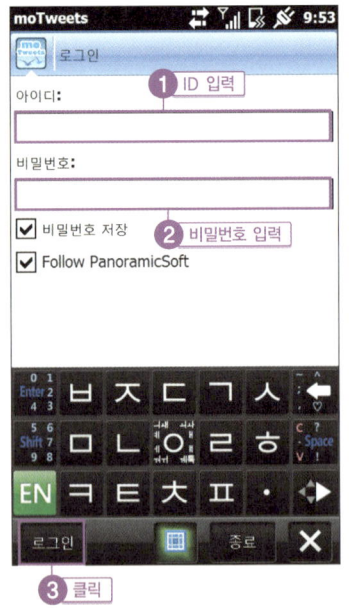

04 트위터에 접속하는 메시지가 표시됩니다. 인터넷 요금제를 사용하면 마음 편하게 할 수 있지만, 아무래도 와이파이가 되는 지역을 잘 골라서 사용하면 공짜로 트위터를 할 수 있습니다.

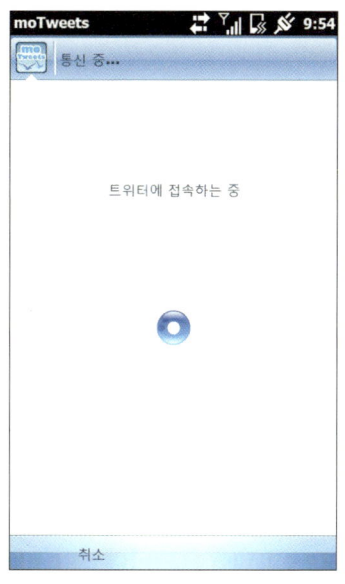

05 트위터에 접속하면 다음 화면과 같이 타임라인 글이 표시됩니다. 140자 전부 보이지 않기 때문에 자세히 보려면 원하는 글을 터치하면 됩니다.

보고 싶은 글을 클릭하면 전체글을 볼 수 있습니다.

06 모트윗 상단에 있는 [말풍선] 아이콘을 누르면 새로운 글을 올릴 수 있는 창이 표시됩니다.

2 내용 입력창 표시

07 보았던 타임라인 글에 댓글을 달기 위해서 @버튼을 누르면 자동으로 아이디가 표시됩니다.

2 보고 있던 타임라인을 글 작성자의 아이디를 자동으로 표시되어 @ 답글을 입력할 수 있습니다.

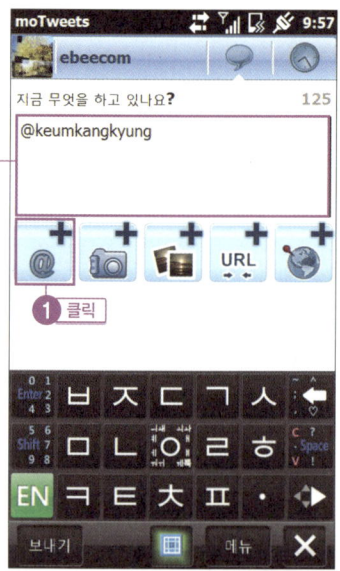

08 카메라 모양의 아이콘을 누르면, [사진 촬영/비디오 촬영] 중 선택해서 보낼 수 있는데, 바로 촬영한 후에 트위터에 올릴 수 있습니다

09 사진 모양의 아이콘을 누르면 이전에 촬영해 놓은 사진이나 비디오 파일을 첨부해서 트위터에 올릴 수 있습니다. 사진을 한번 트위터에 올려보겠습니다. 메뉴가 표시되면 [사진 첨부]를 터치합니다.

10 촬영한 사진이 있는 폴더를 찾아서 올리고자 하는 사진을 선택합니다.

11 사진 선택을 마쳤으면, 사진 모양의 아이콘에 선택한 사진 이미지가 보이는 것을 확인할 수 있습니다.

12 이번에는 긴 URL을 짧게 해주는 [URL] 버튼에 대해서 알아보겠습니다. 짧은 URL도 있지만, 뉴스 기사 등은 URL의 길이가 길어 140자 한정된 트위터에서 링크 주소 때문에 하고 싶은 말을 쓰지 못하는 경우가 생길 수 있는데, 이때 긴 URL 주소를 짧게 만들어주는 기능입니다. 먼저 [URL] 버튼을 누른 후 긴 URL 주소를 입력합니다.

13 긴 URL 주소를 입력한 후 [확인] 버튼을 누르면 다음 화면과 같이 마술처럼 짧아진 URL 주소를 확인할 수 있습니다. 이제 저 주소 뒤나 앞에 하고 싶은 말을 입력하면 됩니다.

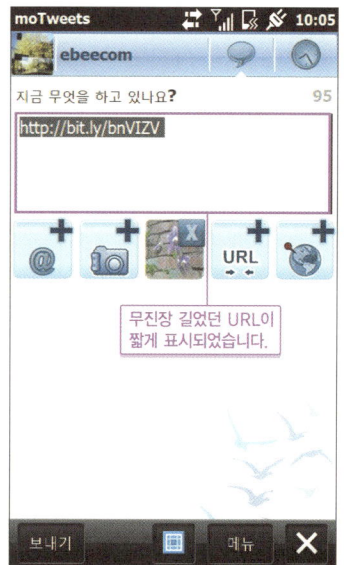

14 짧아진 URL 뒤에 하고 싶은 말을 입력한 후 지구본 모양의 아이콘을 누르면 자신의 위치를 GPS와 연동(모트윗의 메뉴-설정-GPS 켜기로 되어있어야 합니다.)하여 자료를 입력해 줍니다. [보내기] 버튼을 누르면 글을 올립니다.

15 분명히 글을 올렸는데, 자신의 글이 보이지 않습니다. 이럴 때에는 [새로고침] 버튼을 터치하면 새롭게 올라온 글들이 표시됩니다.

16 자신의 글이 타임라인에 올라간 것을 확인할 수 있습니다. 다들 아시겠지만, 이와 같은 방법으로 이동 중에 트위터에 글을 올리는 것이죠.

새롭게 올라온 글

17 보고 싶은 글을 홀딩(긴 터치)하면 메뉴가 표시됩니다. 글 중에 URL이 있으면 이동하려는 URL을 터치하여 선택한 URL로 이동할 수 있습니다.

클릭하면 이동

18 조금 전에 올렸던 사진 파일을 웹브라
우저를 통해서 볼 수 있습니다.

웹브라우저가 실행되어
선택한 URL로 이동합니다.

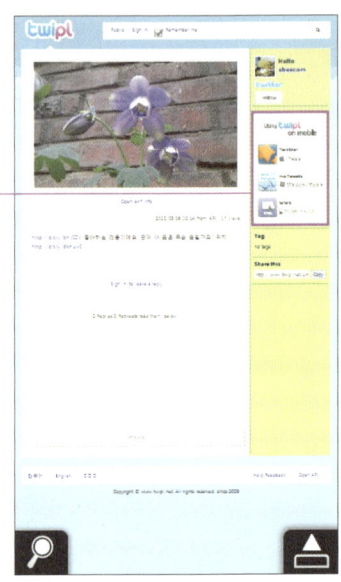

19 웹브라우저에서 꽃 사진을 확대해서 보
는 모습입니다.

20 이번에는 모트윗의 간단한 환경 설정을
해보겠습니다. 모트윗의 오른쪽 하단에
표시된 [메뉴]를 터치하면 메뉴 목록이
표시되는데, [설정] 목록을 터치하여 실
행합니다.

21 모트윗 설정 화면이 표시되면, 각 항목
에서 원하는 것을 켜두거나 끌 수 있습
니다. Language는 당연히 한국어로
합니다. GPS는 저 같은 경우는 꺼두었
는데, 필요할 경우에는 켜두어도 좋습
니다. 설정을 마쳤으면 [확인] 버튼을
터치하여 설정한 내용을 저장합니다.

twitter

02 아주리아(Azurea)

윈도우 모바일 스마트폰용 트위터 클라이언트 프로그램으로 쿼티
키보드가 있으면 단축키를 활용해서 사용할 수 있으며, 쿼티 키보드
가 없어도 가볍고 빠른 실행을 보여주기 때문에 쾌적하게 트위터를
즐길 수 있습니다.

프로그램을 다운로드 받기 위해서 웹브라우저를 실행한 다음 주소로 이동합니다.

http://azurea.refy.net/en/

1. Azurea 설치하기

Azurea를 설치하는 방법에 대해서 알아보도록 하겠습니다. 여기에서는 스마트폰 외장
메모리로 프로그램을 복사한 후 설치합니다.

01 스마트폰에서 파일 브라우저를 실행한
후 Azurea 프로그램이 있는 폴더로 이
동한 후 파일을 실행합니다.

클릭

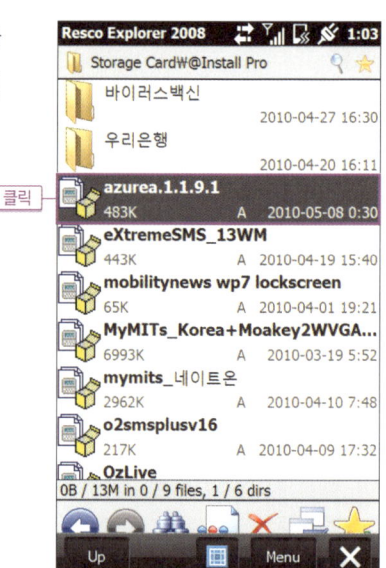

02 Azurea 프로그램을 외장 메모리에 설치하기 위해서 Storage Card를 선택한 후 [Install]을 누릅니다.

03 Azurea 프로그램이 설치되는 과정을 확인할 수 있습니다. 설치를 마쳤으면, [OK] 버튼을 누릅니다.

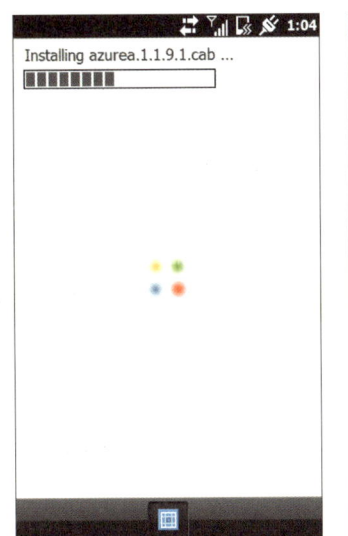

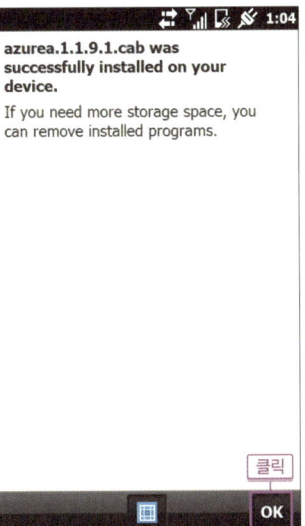

2. Azurea 실행하고 기본 메뉴 익히기

이제 프로그램 설치를 마쳤으면, Azurea를 실행하여 트위터를 즐겨보도록 하겠습니다. Azurea를 이용해서 트위터를 즐기려면 Wifi나 usb를 통하여 인터넷을 할 수 있는 환경이어야 합니다. 만일 인터넷 사용 요금제에 가입하지 않았을 경우에는 요금 폭탄을 맞을 수 있습니다. 인터넷 요금제는 가입한 통신사에서 꼭 확인한 후 가입하기 바랍니다. 스마트폰을 사용하려면 인터넷 요금제는 가입해서 사용하는 것이 좋습니다.

01 [시작−프로그램] 목록을 실행한 후 Azurea 아이콘을 눌러 실행합니다.

02 처음으로 실행하면 계정을 설정하라는 창이 표시됩니다. 여기에서 트위터 ID와 비밀번호를 입력한 후 [확인] 버튼을 누릅니다. 입력창을 터치하면 설정된 키보드가 표시되어 아이디와 비밀번호를 입력할 수 있습니다.

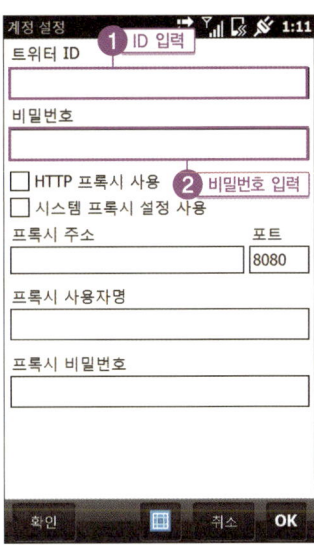

03 사용자가 변경되었다는 메시지가 보이면 [OK] 버튼을 눌러 창을 닫습니다.

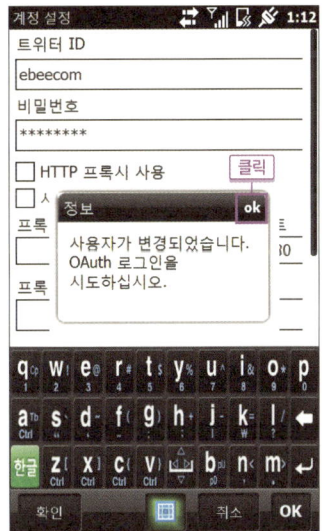

04 OAuth 클라이언트 허가 절차를 물으면 [Yes] 버튼을 눌러 다음으로 진행하면, 로그인에 성공했다는 창이 표시됩니다.

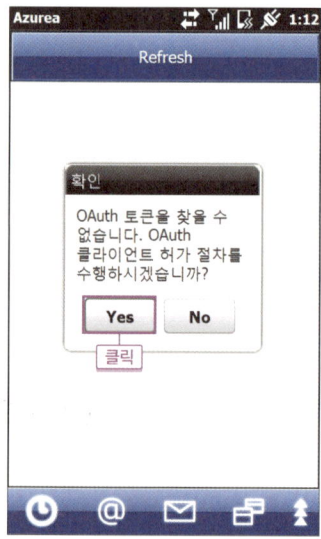 

05 비밀번호를 지울지 묻는 창에서는 [No] 버튼을 누르는데, 만일 비밀번호를 지울 경우에는 트위터에 사진을 올릴 때 필요한 twitpic를 사용할 수 없습니다.

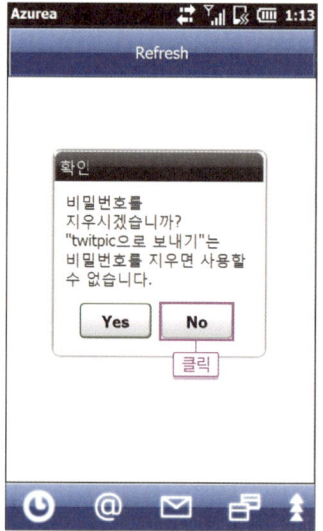

06 처음 접속하면 텅빈 화면이 표시되는데, [Refresh] 버튼을 살짝 누르면, 자신의 트위터 타임라인에 있는 글을 로딩(Loading)합니다.

 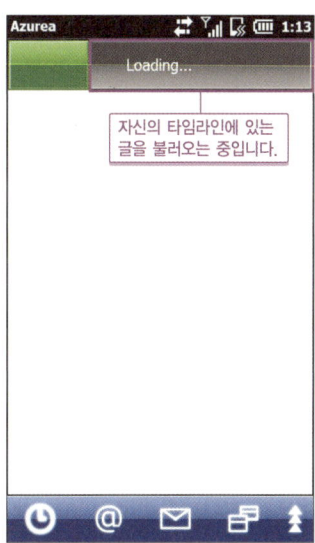

07 자신의 타임라인에 올라와있는 글을 불러온 것을 확인할 수 있습니다.

자신이 타임라인에 있는 글목록을 표시합니다.

08 Azurea 하단 부분에 있는 아이콘의 기능에 대해서 알아보겠습니다.

타임라인 글 보기 : 자신의 타임라인에 올라온 글을 보여줍니다.

댓글, 멘션, RT보기 : 자신이 언급된 글이나, 답글에 대한 목록을 보여줍니다.

DM 보기 : 자신에게 온 멘션을 볼 수 있습니다.

선택 글메뉴 : 트위터 글과 관련된 메뉴를
보여줍니다. 보고자 하는 글 목록을 선택한 후
이 버튼을 누르면 관련된 메뉴가 표시됩니다.

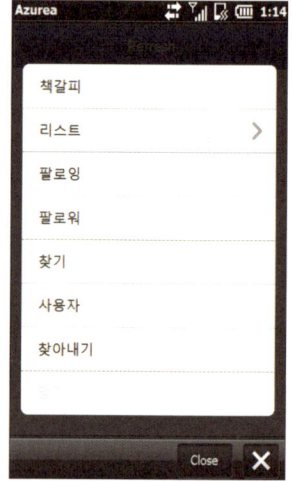

Azurea 메뉴 : Azurea의 주 메뉴를 보여줍
니다. 현재 메뉴에는 보이지 않지만 메뉴의 제
일 아래쪽으로 이동하면 Azurea [종료] 메뉴가
있습니다.

09 타임라인에 표시된 글을 보기 위해서는 목록 중 원하는 글을 가볍게 터치합니다.

클릭

10 보고 있는 글을 투터치(더블클릭)하면 글과 관련된 메뉴가 표시됩니다.

글 입력칸 열기

URL　　　　　　　　>

사용자　　　　　　　>

답글/멘션

책갈피

리트윗(RT)

쪽지(DM)

복사　　　　　　　　>

Close

11 보고 있는 타임라인 글 관련 메뉴에서 [URL]을 선택하면 글에서 언급되어
있는 URL을 보여주는데, URL로 이동하기 위해서 터치하면 웹브라우저를
통해서 이동합니다.

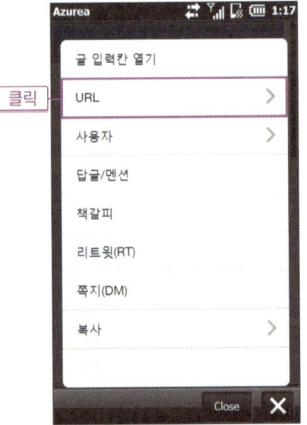

12 글에 언급된 사용자를 보기 위해서 [사용자] 메뉴를 선택하면, 언급된 사용
자 아이디가 표시됩니다. 이때 보고자 하는 아이디를 터치하면 관련 정보를
볼 수 있습니다. 아이디와 관련된 정보가 표시되 창에서 투터치(더블클릭)하
면 팔로우/언팔로우 할 수 있습니다.

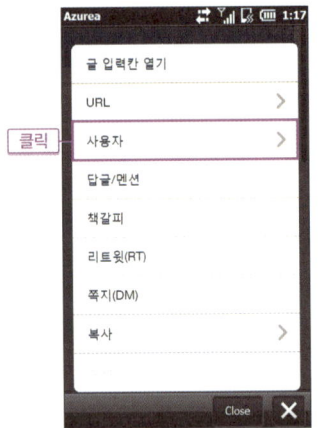
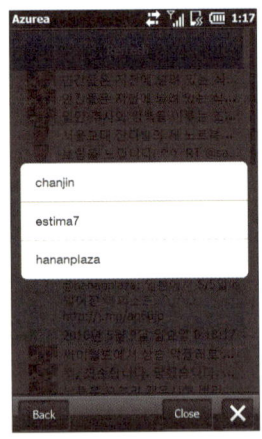

13 [복사]를 선택하면 보고 있는 글이나 글에서 언급되어 있는 URL 주소를 복사할 수 있습니다.

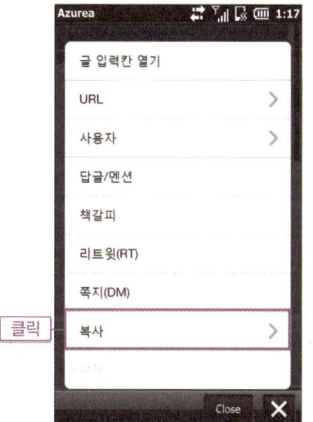
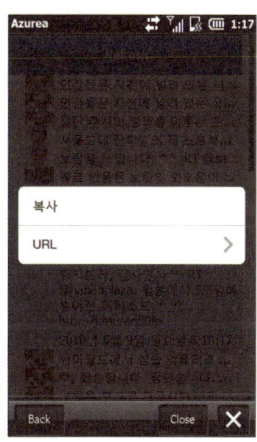

3. Azurea 이용해서 트위터에 글과 사진 올리기

지금까지 Azurea를 통해서 타임라인 글을 보고, 각 메뉴의 기능에 대해서 알아보았습니다. 이제, 직접 타임라인에 글을 올리는 방법에 대해서 알아보겠습니다.

01 보고 있는 글을 두 번 터치하면 표시되는 메뉴에서 [글 입력칸 열기] 메뉴를 선택하면, [Refresh] 버튼 위로 글을 입력할 수 있는 창이 다음 그림처럼 표시됩니다. 글 입력창 아래에는 140이라는 글자수가 표시되어 있기 때문에, 자신이 입력하는 글자수를 확인할 수 있습니다.

글 입력 칸

02 글 입력창에 원하는 내용을 입력하고, [보내기] 버튼을 누르면 타임라인에 바로 글을 올릴 수 있습니다. 여기에서는 사진을 추가해서 글을 올리기 위해서 [옵션] 버튼을 누릅니다. 사진을 추가하면 바로 글을 올리기 때문에 글 작성을 완료한 후에 사진을 선택해야 합니다.

03 메뉴가 표시되는데, [twitpic으로 보내기] 메뉴를 선택합니다.

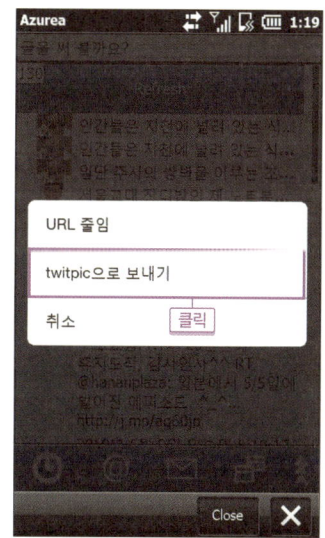

04 타임라인에 올릴 사진이 있는 폴더를 선택하고 원하는 사진을 고릅니다.

05 [twitpic으로 보내시겠습니까?] 창이 표시되면 [Yes] 버튼을 누릅니다.

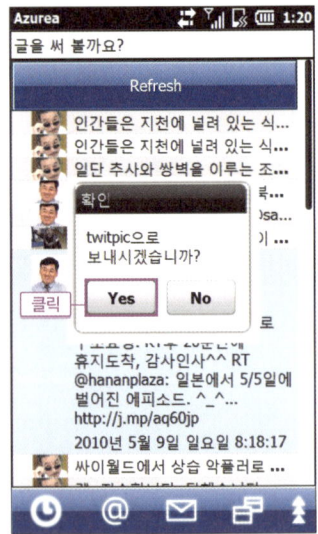

06 작성한 글과 사진이 타임라인으로 보내진 것을 확인할 수 있습니다.

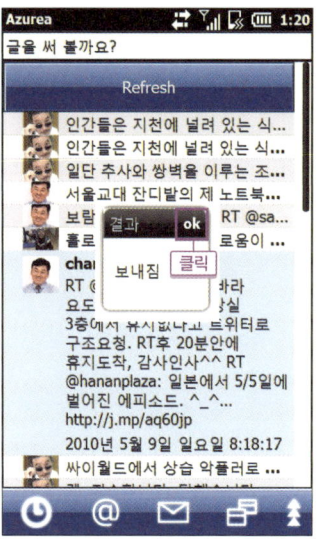

07 [Refresh] 버튼을 누르면 새롭게 작성한 글이 표시된 것을 확인할 수 있습니다. 이와 같은 방법으로 트위터를 쉽게 이용할 수 있습니다.

twitter

03

안드로이드폰
트위터 프로그램 - twitter

안드로이드용 트위터 전용 앱인 '트위터(twitter)'에 대해서 설치하고 활용하는 법에 대해서 알아보도록 하겠습니다. 프로그램은 안드로이드 마켓에서 직접 다운로드 받아 설치할 수 있습니다. 프로그램을 다운로드 받기 위해서는 데이터 요금이 청구되기 때문에 wifi 지역이나 데이터 요금제를 사용하고 있어야 과잉 요금을 지불하지 않습니다.

그럼 설치부터 알아보도록 하겠습니다.

01 안드로이드폰에서 마켓을 실행하고, 돋보기 아이콘을 눌러 검색창을 엽니다.

02 검색창이 열리면 트위터 전용 프로그
램 이름인 'twitter'을 입력하고 검색
버튼을 누릅니다.

03 입력한 검색어와 관련된 프로그램 목
록들이 표시되는 것을 확인할 수 있는
데, 검색 목록 중 'twitter'를 클릭합
니다.

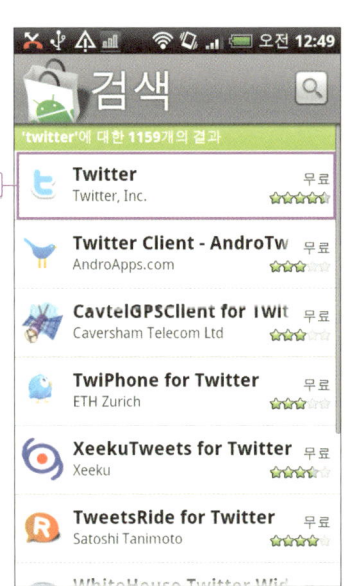

04 프로그램에 관련된 정보가 표시되고,
프로그램과 관련된 세부 내용이나 화
면을 미리보기 형식으로 확인할 수 있
습니다. [설치] 버튼을 눌러 프로그램
설치를 시작합니다.

05 프로그램이 실행될 때 필요한 주의 사
항이 표시되는데, 프로그램을 계속 설
치하기 위해서 [확인] 버튼을 누릅니다.

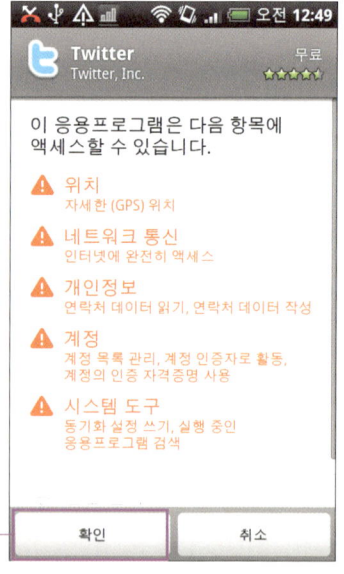

06 선택한 프로그램이 내 안드로이드폰으로 다운로드 되고 있습니다.

다운로드 표시

07 다운로드가 완료되면 자동으로 프로그램 설치를 하고, 프로그램을 성공적으로 설치했다는 메시지가 표시됩니다.

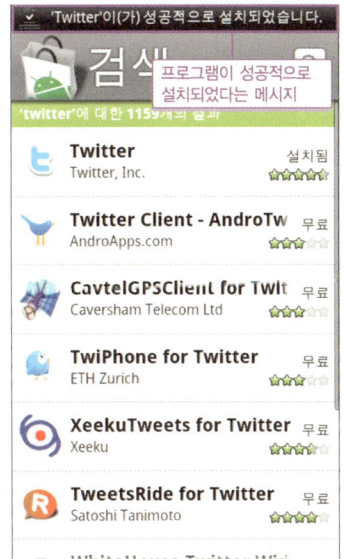

프로그램이 성공적으로 설치되었다는 메시지

08 프로그램이 설치된 목록을 열어 본 후 설치가 완료된 'twitter' 아이콘을 클릭하여 프로그램을 실행시킵니다.

클릭

09 'twitter' 프로그램이 실행되었습니다. 트위터 색을 나타내는 파란하늘색이 참 예쁘네요.

10 '사용자 이름 또는 이메일'과 '비밀번호'를 입력한 후 [로그인] 버튼을 누릅니다.

11 트위터에서 관계를 맺은 사람들을 기존의 주소록과 동기화할 것인지 묻는데, 원하는 항목을 선택한 후 [완료] 버튼을 누릅니다.

12 'twitter' 실행 초기 화면입니다. 한눈에 알아볼 수 있는 아이콘을 보니 트위터를 좀더 재미있게 할 수 있을 듯 합니다.

13 [이야기] 아이콘을 누르면 트위터 홈 화면의 타임라인에 올라온 글 목록을 확인할 수 있습니다.

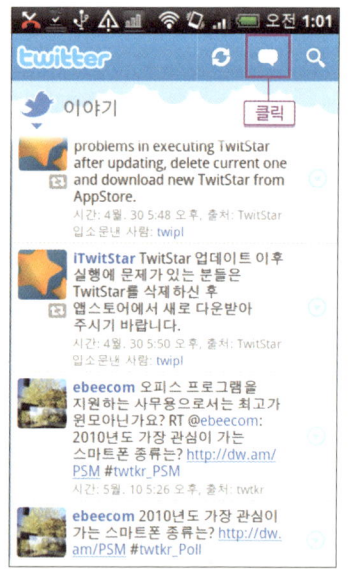

14 새로운 트윗을 작성하기 위해서 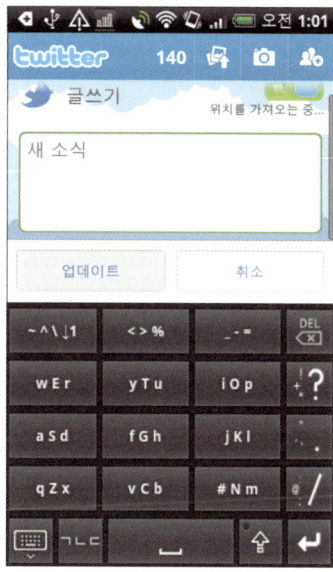 아이콘을 클릭하면 새소식을 입력할 수 있는 창이 표시됩니다.

15 새 소식을 직접 입력합니다. 각 스마트폰마다 한글 입력 방식이 다를 수 있습니다. 글 입력을 마쳤으면, 사진 첨부 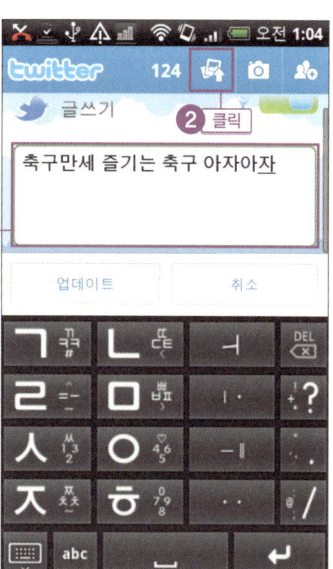 아이콘을 눌러 원하는 사진을 선택합니다.

16 사진이 업로드 되어 있는 URL 주소가 글 입력창에 표시된 것을 확인할 수 있습니다. 작성한 내용을 타임라인에 업로드하기 위해서 [업데이트]를 클릭합니다.

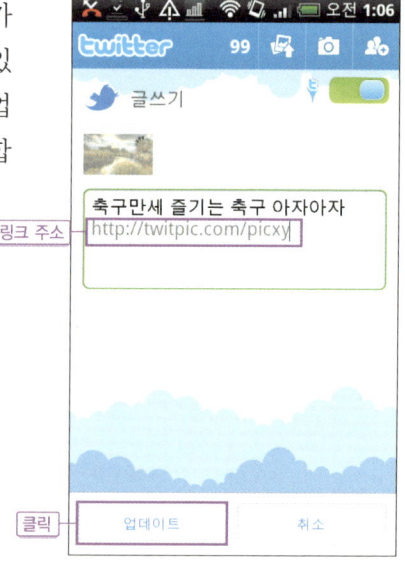

사진 링크 주소

클릭

17 트위터 타임라인에 조금 전에 작성한 글이 업로드 된 것을 확인할 수 있습니다. 'twitter' 전용 프로그램에서는 바로 사진도 보여주기 때문에 편리하게 트위터를 활용할 수 있습니다.

새롭게
작성한 글

(18) 'twitter' 처음 화면으로 가기 위해서
[메뉴] 버튼을 누르고, [우리들 이야기]
메뉴를 선택합니다.

클릭

(19) 'twitter' 초기 화면으로 되돌아 갑니다.

20 '내가 언급된 글' 아이콘을 누르면, '@내 아이디'가 들어간 댓글이나 언급된 모든 글 목록이 표시됩니다.

21 '입소문' 아이콘(Reteet)을 누르면, '내가 입소문낸 이야기', '친구에게 받은 이야기', '입소문난 내 이야기' 목록이 표시되는데, 원하는 탭을 눌러 작성된 글을 확인할 수 있습니다.

22 '쪽지' 아이콘을 누르면, 보낸 쪽지함
과 받은 쪽지함에서 주고 받는 쪽지 내
역을 직접 확인할 수 있습니다.

23 '내 프로필' 아이콘을 누르면, 내 정보
와 최근에 올린 글이 표시됩니다.

24 'twitter' 초기 화면에서 [메뉴] 버튼을 누르면 나타나는 메뉴에서 [설정]을 선택합니다. [로그아웃]을 누르면 트위터 프로그램을 종료합니다.

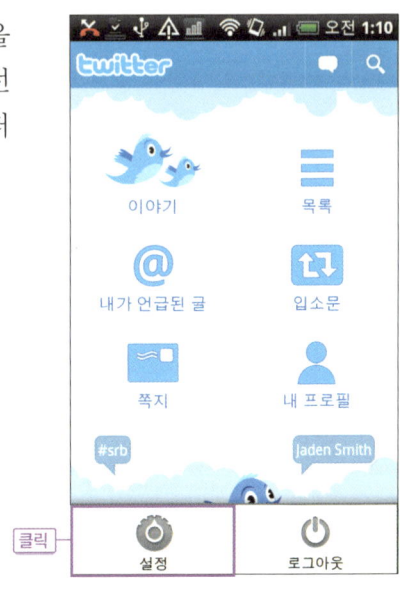

25 [설정] 메뉴를 누르면 'twitter' 환경 설정창이 표시됩니다. 'Twitter 데이터 동기화'를 체크해 놓으면 인터넷 요금이 과잉으로 청구될 수 있으니 체크를 해제해 놓습니다. 만일 데이터 요금제를 사용한다면 체크해 놓으셔도 괜찮습니다.

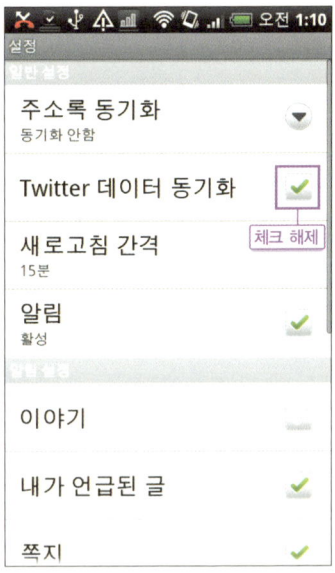

26 '알림 설정' 항목에서 체크한 부분에 새로운 글이 올라올 경우 진동, 알림 표시등, 알림 벨소리 등 알림을 설정합니다.

27 기타 설정 항목에서는 프로그램의 배경이 움직이게 할 수 있는 애니메이션으로 표시할 것인지 선택할 수 있으며, 사진 업로드할 서버와, URL 단축 서비스 해 주는 곳을 선택할 수 있습니다.

아이폰 트위터
프로그램 - twitter

스마트폰용 OS는 그 종류가 다양하지만 이를 지원하는 프로그램의
숫자는 OS의 나이와 꼭 비례하지 않습니다. 아이폰의 트위터 APP
은 종류가 수십 가지나 될 만큼 입맛에 맞는 선택이 가능합니다. 하
지만 비용을 지불해야 사용이 가능한 것들도 있기에 신중한 선택이
필요합니다. twitter는 무료로 사용가능한 APP으로 얼마 전까지 유
료로 판매되었던 Tweetie를 트위터사에서 전격 인수해 트위터라는
이름으로 무료로 배포되기 시작했습니다. 아이폰용 트위터 프로그
램은 종류에 따라 기능적인 차이가 조금 있는데 푸시기능의 지원여
부 차이도 그중 하나입니다. twitter 또한 푸시기능을 IOS 3 기준으
로 출시된 버전에서는 제대로 지원하지 못하고 있습니다. 트위터 서
비스 제조사의 이름으로 만들어진 공식 아이폰 프로그램답게 만족
스러운 속도를 갖춘 twitter의 설치방법을 알아봅니다.

01 슬립 버튼이나 홈 버튼을 눌러 아이폰
을 켭니다. 그리고 App Store 아이콘
을 실행합니다. 다른 아이폰용 APP과
같이 PC나 MAC의 ITUNE에서 다운받
은 뒤 동기화해도 설치가 가능합니다.

02 App Store가 실행되면 하단의 탭중 [Search] 탭을 클릭합니다.

03 Search탭의 상단의 검색창을 누르면 키보드가 나타나는데 'twitter'를 입력합니다.

04 twitter와 관련된 프로그램이나 제
조사의 내용이 나타나는데 하단의
내용을 클릭하지 않고 [Search] 버
튼을 클릭합니다.

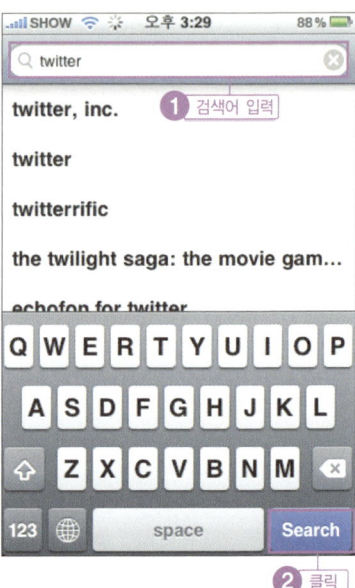

05 twitter와 관련된 프로그램의 목록
이 나타납니다. 이중 가장 첫 번째
나타나는 Twitter.Inc에서 만든
Twitter를 누릅니다.

06 Twitter 프로그램의 정보와 스크린 샷 등이 표시됩니다.

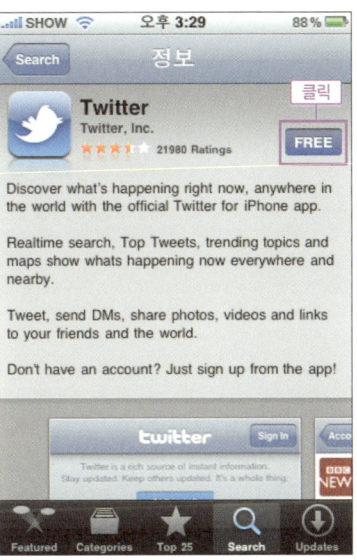

07 오른쪽 상단에 있는 [FREE] 버튼을 한번 클릭하면 [INSTALL]로 아이콘 모양이 바뀝니다. 다시 한 번 [INSTALL] 아이콘을 누릅니다.

08 ITUNE 계정이 있다면 로그인 패스
워드를 물어봅니다. 패스워드를 입
력하고 승인을 누릅니다.

09 홈 화면으로 전환되고 프로그램의
설치가 진행됩니다. 이때 WIFI가 잡
혀 있지 않은 상태라면 3G 네트워크
로 연결되기 때문에 3G 데이터 요금
제등에 가입되지 않았다면 과금이
될 수 있으니 주의가 필요합니다.

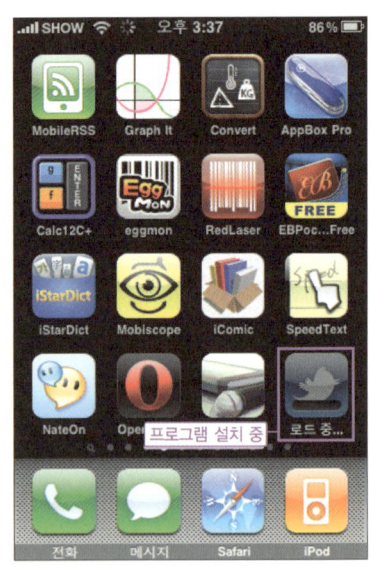

10 로드중이란 표시 후 설치중이란 표시가 바뀌고 나면 설치가 마무리됩니다. Twitter 아이콘을 누르면 프로그램이 실행됩니다.

11 프로그램의 첫 실행화면에서는 트위터 계정의 여부에 따라 로그인 방법을 선택해야 합니다. 이미 계정을 갖고 있다면 상단의 [Sing in]을 클릭하고 계정을 처음부터 만들어야 한다면 [SIGN UP]을 누릅니다. Twitter는 다중계정을 지원합니다. 여러 개의 트위터 아이디를 설정해 놓고 손쉽게 전환 사용이 가능합니다.

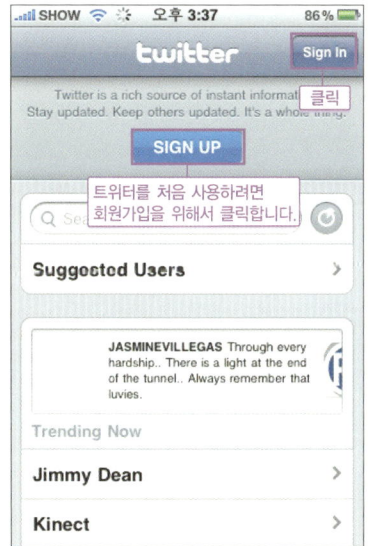

12 [SIGN UP]을 누르면 계정을 만들기 위한 절차가 진행됩니다. 이름, 이메일, 유저네임 등을 입력하고 [SING UP] 아이콘을 누릅니다.

회원가입 하려면
내용 입력

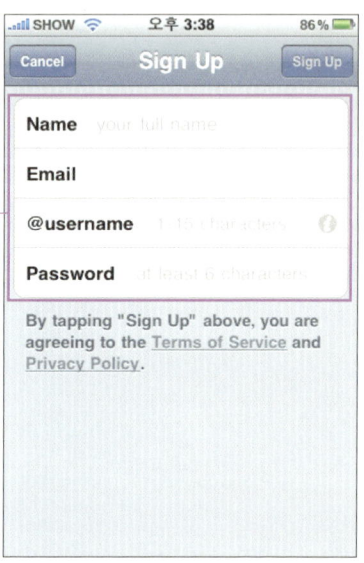

13 계정을 가지고 있어 [Sing Up]을 클릭했다면 유저네임과 패스워드를 입력하고 [SAVE] 버튼을 클릭합니다. 한번 저장하면 다음부터는 별도의 로그인 과정 없이 사용이 가능합니다.

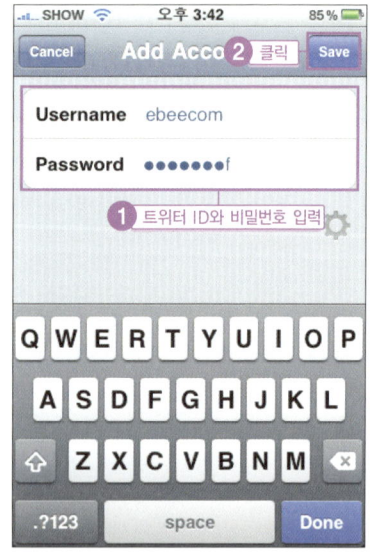

14 로그인시 제대로 된 계정인지 확인하는 과정이 나타납니다. 패스워드나 유저네임이 잘못되었다면 다시 입력하는 과정이 나타날 수 있습니다.

15 이미 계정을 사용하고 있다면 사용 중인 트위터의 타임라인 화면이 나타납니다. 타임라인에서 글을 최신내용으로 갱신하고자 한다면 화면을 하단으로 끌어당기면 갱신이 이루어집니다.

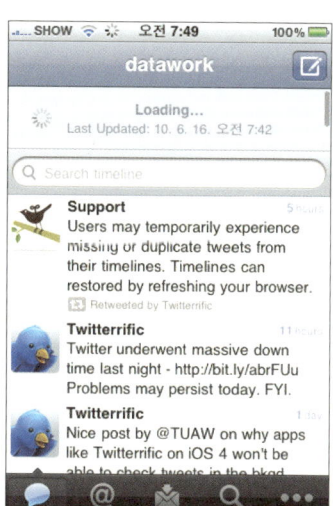

16 해당 트윗을 클릭하면 보다 전체 글의 내용을 모두 볼 수 있습니다.

17 하단의 아이콘을 @ 탭을 누르면, '@내 아이디'가 들어간 댓글이나 언급된 글 목록이 나타납니다. 최신 내용으로 갱신하고자 한다면 화면을 하단으로 끌어당기면 갱신이 이루어 집니다.

18 역시나 리스트의 내용을 클릭하면 역시 전체본문 내용을 볼 수 있습니다.

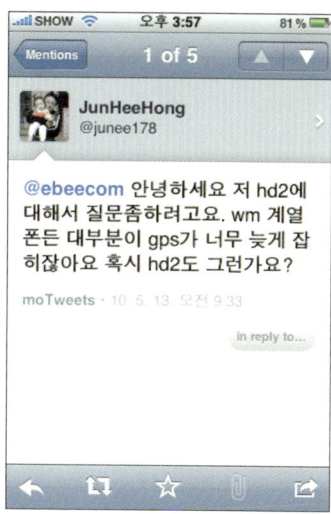

19 새로운 글을 작성할 때는 초기 화면의 @ 탭에서 상단의 타이틀의 옆에 있는 노트 아이콘을 클릭하면 글을 작성할 수 있는 창으로 전환할 수 있습니다.

20 답글을 달고자 한다면 하단 왼쪽의 화살표 아이콘을 클릭하면 답글을 작성
할 수 있습니다.

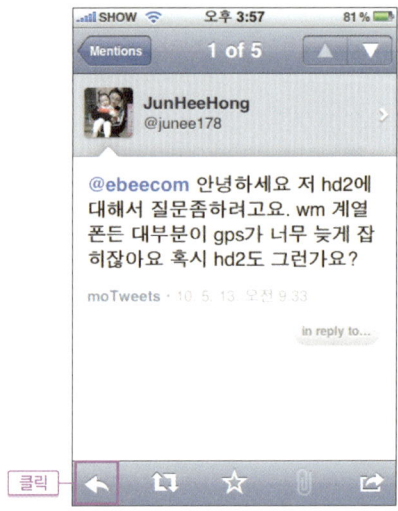

21 답글 달기와 같은 주요 기능은 초기 메
뉴에서도 선택할 수도 있습니다. 해당
글을 좌우로 손가락으로 그으면 보조 메
뉴를 볼 수 있습니다.

사진이나 기타정보의 첨부도 가능합니다. 하단의 숫자 아이콘에 있는 화살표를 클릭하면 이를 사용할 수 있는 화면이 하단에 나타납니다.

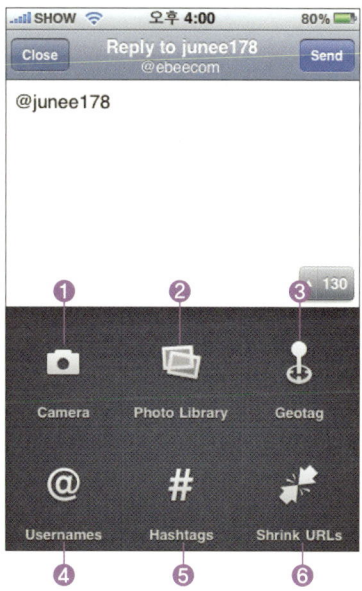

❶ Camera: 내장된 카메라로 사진을 찍어 올릴 수 있습니다.

❷ Photo Library: 아이폰의 사진 라이브러리에서 원하는 사진을 선택해서 올릴 수 있습니다.

❸ Geotag : GPS를 이용해 현재 위치를 올릴 수 있습니다.

❹ Usernames: 유저 찾기로, 알파벳 한두 개로 검색 Reply할 사용자를 찾을 수 있습니다.

❺ Hashtags: 내 글에 허쉬태그를 입력해 이를 통해 검색할 수 있도록 검색어를 입력할 수 있습니다,

❻ Shrink URls: 주소 줄이기를 선택할 수 있습니다.

23 아이팟에 동기화된 사진을 첨부하고 자 할 때에는 [Photo Library]를 클릭 합니다. 아이폰의 사진첩 내용이 나 타나는데 이중에서 첨부할 사진을 선 택하면 사진을 첨부할 수 있습니다.

24 직접 아이폰 카메라로 사진을 찍어 서 바로 첨부할 수도 있습니다. Camera 아이콘을 누르면 사진촬영 모드로 전환됩니다. 찍고자 하는 대 상을 클릭하면 초점을 선택할 수 있 으며 카메라 아이콘을 눌러 사진을 찍은 뒤 사용을 선택하면 찍은 사진 의 첨부가 가능합니다.

25 저장하지 않고 [Close]를 누르면 실수로 글을 잃어버리는 것을 막도록 저장할지 등의 여부를 선택할 수 있습니다.

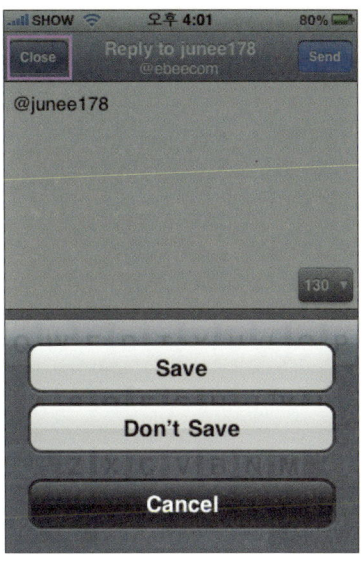

26 하단 가장 왼쪽의 아이콘을 클릭하면 프로필이나 즐겨찾기 등의 세팅을 할 수 있습니다. [My Profile]을 선택합니다.

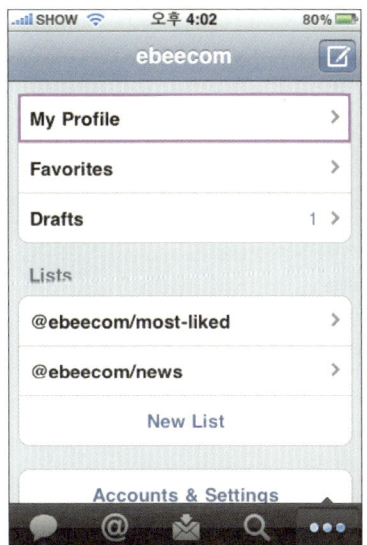

27 My Profile에서는 내 정보나 보거나 수정할 수 있으며 팔로윙이나 트위트한 숫자를 확인하고 자세한 내용을 확인할 수 있습니다.

28 My Profile에서 following를 누르면 팔로윙하고 있는 목록을 확인할 수 있습니다.

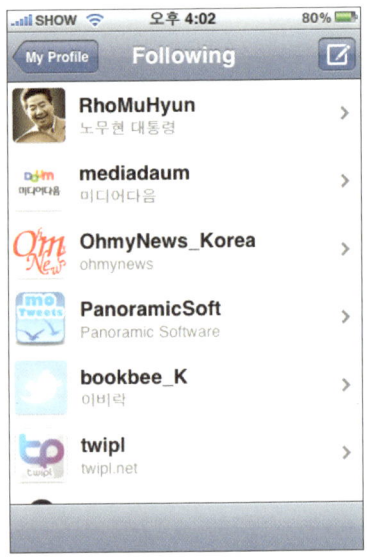

29 My Profile에서 followers를 누르면 팔
로우한 사람들의 목록을 확인할 수 있습
니다.

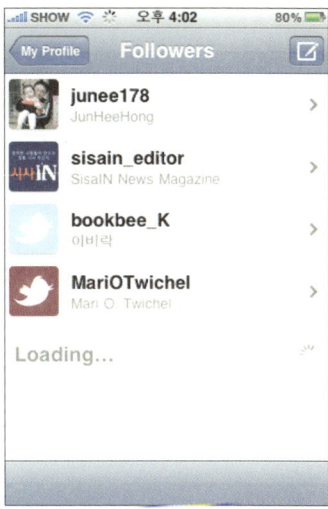

30 다중계정을 설정하고자 한다면 하단 가장 왼쪽의 아이콘을 클릭하면 나타나
는 [Accounts & Settings] 메뉴에서 여러 개의 트위터 아이디를 설정할 수
있습니다.

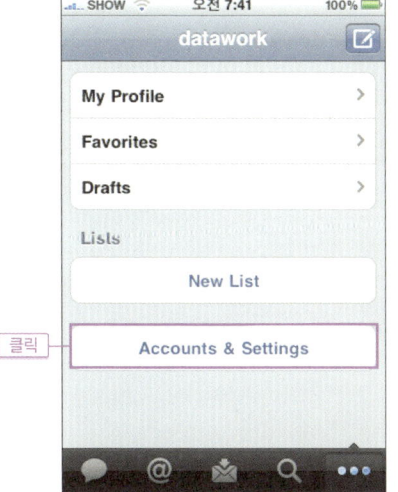

31 [Accounts & Settings]에서는 다중계정뿐만 아니라 글꼴 등의 상세 설정도 가능합니다. 하단의 [Settings] 버튼을 누르고 아래와 같이 설정합니다.

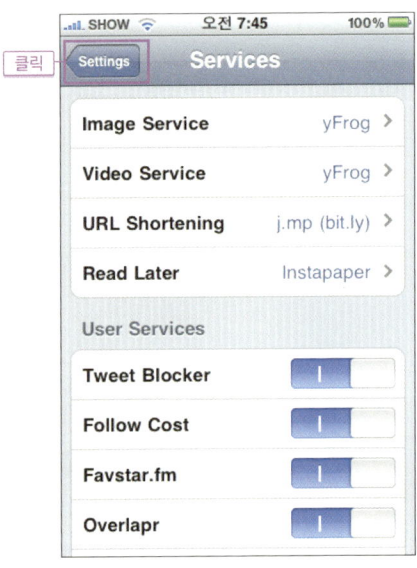

- Display Name: 아이디와 Full name중 하나를 고를 수 있습니다.
- Date Format: 시간 표시방법을 고를 수 있습니다.
- Font Size: 글자의 크기를 13px부터 20px까지 선택할 수 있습니다.
- Image Service: TwitPic과 yFrog 등이나 사용자 지정이 가능합니다.
- Video Service: yFrog과 TwitVid 등을 선택할 수 있습니다.
- URL Shortening: 웹 주소를 줄여주는 서비스로 bit.ly, is.gd이나 사용자 지정을 할 수 있습니다.
- Read Later: Instapaper과 read It Later를 선택할 수 있습니다.

도서출판 이비컴의 실용서 브랜드 '이비락'은 더불어 사는 세상에 삶의 긍정적인 변화를
가져다 줄 유익한 책을 만들기 위해 끊임 없이 노력합니다.
원고 및 기획안 문의 : help@bookbee.co.kr